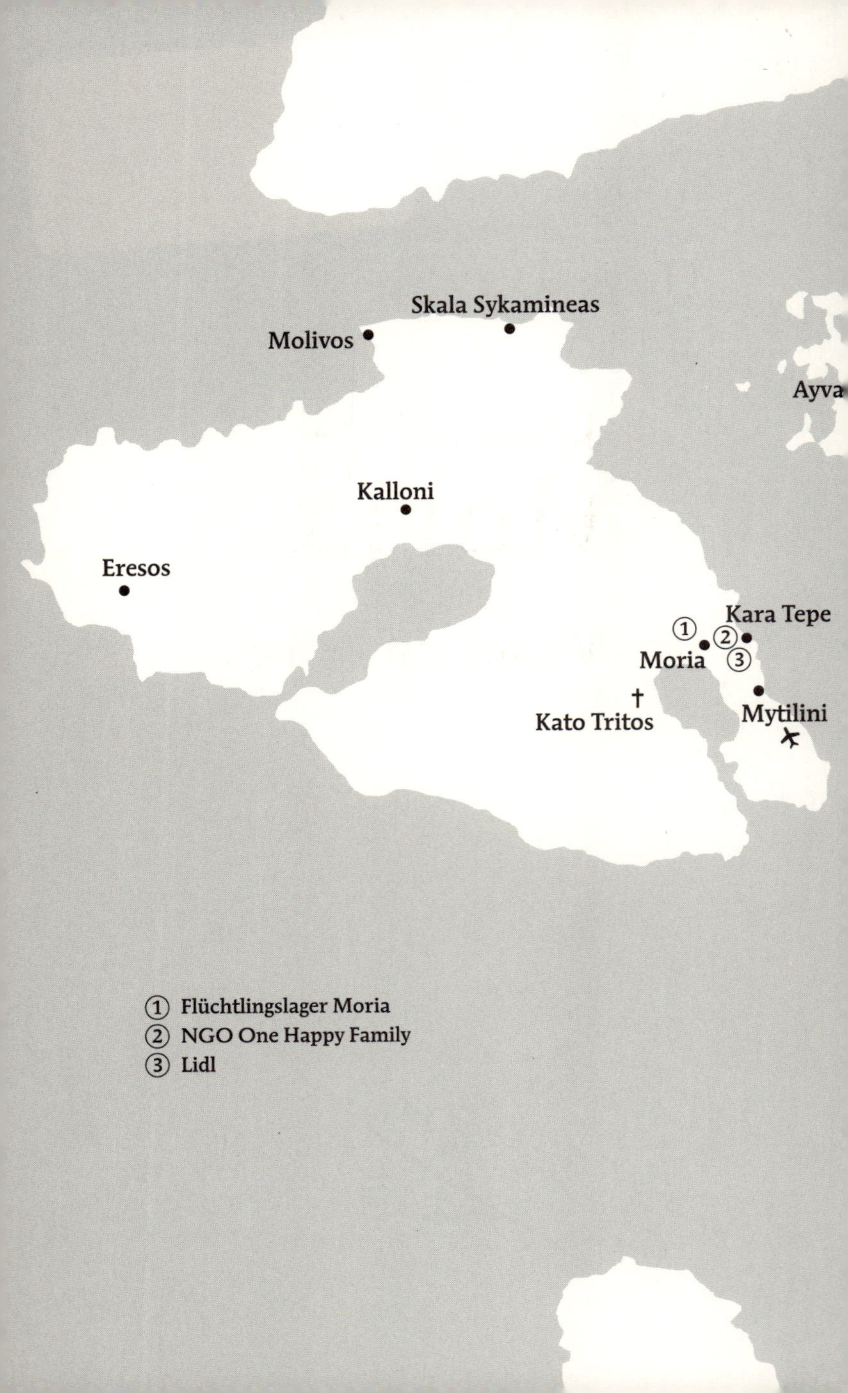
Skala Sykamineas
Molivos
Ayva
Kalloni
Eresos
Kara Tepe
①
②
Moria
③
Kato Tritos
Mytilini
① Flüchtlingslager Moria
② NGO One Happy Family
③ Lidl

Helge-Ulrike Hyams

Denk ich an Moria

Ein Winter auf Lesbos

BERENBERG

Für Marwa

Einleitung

Moria: Das ist ein verschlafenes Dorf nahe der Ostküste der griechischen Insel Lesbos. Etwa tausend Menschen leben hier, man kann die Überreste eines römischen Aquäduktes besuchen und durch die Olivenhaine streifen. Auf der anderen Seite des Meeres liegt die Türkei – an manchen Tagen erscheint sie zum Greifen nah.

Moria: Das war auch jener biblische Ort, an dem Abraham von Gott seiner schwersten Prüfung unterzogen wurde. Er sollte seinen Sohn Isaak opfern. Im letzten Moment vereitelte Gott selbst das Opfer und ersetzte das Kind durch einen Widder. Es ist eine atemberaubende Geschichte, die von der Abkehr vom Menschenopfer erzählt.

Doch das Moria, das uns heute in den Sinn kommt, ist etwas ganz anderes: Es ist das Flüchtlingslager, das zum Symbol geworden ist. Zum Symbol für alles, was in der Flüchtlingspolitik der vergangenen Jahre falsch gelaufen ist. Es steht für Versagen, Elend, für Leid und Ausweglosigkeit.

Seit Jahren schon verfolgen die Medien, was sich in Moria tut – und was nicht. Und seit Jahren beobachtete ich die Situation aus der Distanz – ahnend, dass die Realität von Moria eine andere sein musste als die medial vermittelte. Ich bin deshalb im Herbst 2019 nach Moria gefahren, um selber zu schauen und mir mein eigenes Urteil zu bilden. Die Reise nach Lesbos, die zehn Monate auf der Insel haben meine Vermutung bestätigt: Welten liegen zwischen den Zeitungsberichten und der Realität von Moria.

So habe ich meinen Bericht über Moria verfasst, der vor allem eins ist: stark subjektiv. Er ist das Ergebnis meiner persönlichen Erfahrungen, die ich auf Lesbos machen durfte. Ich versuche hier, Moria in all seinen Widersprüchen zu beschreiben. Denn tatsächlich war Moria trotz allen Elends nicht nur ein Ort des Schreckens, sondern extrem vielschichtig und voller Facetten.

Hier kamen Menschen zusammen, die sich ohne die Existenz des Lagers niemals begegnet wären. Mir geht es darum, dieses eigenartige Geflecht aufzuspüren und mit meinen Mitteln zu dokumentieren.

Die Akteure waren vor allem drei Gruppen: erstens die Flüchtlinge selbst, die in ihrer Heterogenität eigentlich nur eins gemeinsam hatten – den Flüchtlingsstatus und das Schicksal, in Moria festzuhängen. Zweitens waren da die griechischen Nachbarn der Lagerbewohner, die ohne eigenes Zutun zu Gastgebern geworden waren. Das Dorf Moria war nur eineinhalb, die Hauptstadt Mytilini etwa zwölf Kilometer entfernt. Die regelmäßig läutenden Kirchenglocken markierten die christliche Prägung der Insel. Griechische Beamte, Polizisten und Soldaten waren verantwortlich und auf der Insel allgegenwärtig.

Die dritte Gruppe waren die Nichtregierungsorganisationen. Neben der griechischen Regierung und dem UN-Flüchtlingskommissariat UNHCR waren sie es, die den Hauptanteil der Unterstützung, der Versorgung mit Nahrung, Kleidung, Bildung und ärztlichen Diensten gewährleisteten. Sie empfingen die Geflüchteten, die mit ihren Schlauchbooten an Land schwemmten. Sie hievten sie aus dem Wasser, versorgten sie mit Kleidern und Decken und reichten ihnen den ersten Tee. Und sie waren innerhalb und außerhalb des Lagers im Dauereinsatz.

Mit den Flüchtlingen, den Inselbewohnern und den meist internationalen Freiwilligen ergab sich also ein Geflecht, das von den unterschiedlichsten Bedürfnissen und Absichten geprägt war. Kein Wunder, dass Moria auch ein extrem fruchtbarer Boden für Gerüchte aller Art war. Dichtung und Wahrheit wurden ständig vermischt. Jeder hatte jedem irgendetwas Wichtiges mitzuteilen, doch woher die Nachrichten stammten, war nur selten nachvollziehbar. Zudem gab es das Gewirr der vielen Sprachen, oftmals einem babylonischen Sprachwirrwarr gleichend.

So kam es, dass die tiefsten Wahrnehmungen meiner Zeit auf Lesbos gar nicht sprachlicher, sondern eher sinnlicher Art waren: Ich sah Gesichter, Zelte, Sterne, Essensschlangen, Latrinen, Müll, das Meer. Ich hörte Kindergeschrei, Hundegebell, Polizeisirenen, Weinen und manchmal Musik. Ich roch Meeresluft, Desinfektionsmittel, Uringestank und Feuerrauch.

Dass sich das Leben auf Lesbos so schwer vermitteln lässt, war für viele Freiwillige besonders nach ihrer Rückkehr in die Heimat ein Problem: Immer wieder erfuhr ich, dass die Zurückgekehrten Schwierigkeiten hatten, den Freunden und Familien das auf Lesbos Erlebte zu schildern.

Wie erzählen von den abrupten Stimmungswechseln, denen man in Moria ausgesetzt war? Wie von den schlaflosen Nächten? Von der Dauer-Übermüdung? Von der Scham, abends in ein warmes Bett zu kriechen, im Wissen, dass die Migranten zur selben Zeit in ihren Zelten froren? Von der Wut über die eigene Ohnmacht, mit der man täglich konfrontiert war? Wie all das sprachlich vermitteln, ohne pathetisch oder wehleidig zu klingen? Meine Weise, damit umzugehen, liegt in dem Versuch, Beobachtungen niederzuschreiben und ein fragmentarisches Zeugnis abzulegen.

Kein Zweifel: Moria mit seinen zeitweise mehr als zwanzigtausend Bewohnern war ein Elendsquartier. Es trifft zu, dass es, wie manche Bewohner es selbst artikulierten, die Hölle war. Und dennoch: Über einen längeren Zeitraum existierte es als solches. Um mit Hannah Arendt zu sprechen, war die Hölle aber »keine religiöse Vorstellung und kein Phantasiegebilde, sondern so wirklich wie Häuser, Steine und Bäume«. Die Hölle war Realität.

Und sie funktionierte ganz real. Hohe Besucher kamen, staunten, rangen um Worte und gingen wieder. Jeder der direkt oder indirekt Beteiligten, die Politiker in Brüssel und Athen, die Mitarbeiter des Weltflüchtlingswerkes, die Bewohner der Insel Lesbos, die international rekrutierten Volunteers und am Ende die Geflüchteten selbst: Jeder trug aktiv oder passiv seinen Teil dazu bei, dass sich dieses System über fünf Jahre erhalten konnte.

Am Ende ist Moria gescheitert. Es hat des großen Feuers bedurft, dass das Lager vernichtet wurde. Aber darüber spreche ich am Ende des Buches.

Noch eine Anmerkung:

Ich bin mir bewusst, dass viele Menschen um die richtigen Begriffe zur Bezeichnung der Migranten ringen. Aber alle Bezeichnungen für Flucht und für Menschen auf der Flucht sind wandelbar und angreifbar. Oder, um es mit dem Schauspieler Roberto Benigni zu sagen: »Jedes Mal, wenn man etwas schreibt, geschieht ein Verrat.« Deshalb und im Bemühen um einen flüssigen Sprachstil werde ich zwischen den Begriffen wechseln und von Flüchtlingen, Migranten, Geflüchteten und Asylsuchenden sprechen. Obwohl es mir eigentlich am liebsten wäre, wenn all diese Begriffe ganz hinfällig wären.

Yannis Behrakis

»Ich fotografiere mit den Augen meiner Seele.«
Yannis Behrakis

Alles begann mit Yannis Behrakis. Genauer – mit seinem Weinen. Am 9. Oktober 2016 saß ich gemeinsam mit rund tausend Menschen in dem Festzelt in Bayeux in der Normandie, wo das alljährliche Festival für Kriegsreporter abgehalten wurde. Zwei Auszeichnungen gingen an den griechischen Fotografen Yannis Behrakis. Von ihm stammen die ersten Fotos der vor Lesbos gestrandeten Flüchtlingsboote. Wir sahen seine Bilder auf dem großen Bildschirm und glaubten, selbst dabei gewesen zu sein. Behrakis erzählte später, dass er anfangs noch Scheu hatte, in diesen Momenten zur Kamera zu greifen. Aber er tat es doch, er wollte den Menschen klarmachen, dass sie sich niemals ausreden könnten, von dem Unheil auf Lesbos, Samos und Chios nicht gewusst zu haben.

Als Yannis Behrakis an jenem Samstagabend in Bayeux seine Preise überreicht bekam, kämpfte er mit den Tränen – minutenlang. Seine Emotionen, die er während seiner vielen Berufsjahre zu unterdrücken gelernt hatte, holten ihn jetzt ein. Und ich hatte den Eindruck, alle Menschen im Zelt weinten mit ihm.

Weinen, das zeigt das Beispiel des griechischen Fotografen, ereignet sich eher selten im Moment des dramatischen Geschehens selbst. Der Moment der Gefahr, der akuten Not erfordert konzentrierte Wachsamkeit, Reaktionsfähigkeit, das Adrenalin steigt. Für Tränen ist kein Platz. Erst später beginnen sie zu laufen – und manchmal kommen sie so unerwartet wie an diesem Abend im Festzelt.

Auf der Bühne sprach Behrakis erstmals öffentlich über seine innere Betroffenheit als Fotograf: Er selbst hätte jener Vater sein können, der da sein Kind in eine Plastikplane eingehüllt trägt. Er selbst hatte eine Tochter von zehn Jahren. Und er sprach von seiner Großmutter, die 1922 im Zuge der kleinasiatischen Katastrophe aus Smyrna geflüchtet war und über Griechenland bis nach Marseille kam.

Längst wissen wir, vor allem aus der Holocaust-Forschung, dass Emigration, Entwurzelung und Sprachverlust sich traumatisierend auf mehrere Folgegenerationen auswirken können. Die dadurch verursachte Erschütterung wird als solche noch empfunden von Enkeln und Urenkeln.

An diesem Abend im Oktober wusste ich, dass ich nach Lesbos fahren würde. Ich wollte selber sehen und begreifen.

In meinem Winter auf Lesbos erlebte ich unendliche Traurigkeit, viele spürbar leidende Menschen. Aber erstaunlich selten sah ich sie laut jammern und weinen. Ich vermute, dass Stolz und Würde sie davon abhielten. Dabei haben wir nicht die geringste Ahnung, wie viele Tränen abends und nachts und selbst tagsüber verborgen hinter den Zelt- und Containerwänden flossen.

Wenn ich abends im Dunkeln an der Fähre stand, wenn ich sah, wie die Menschen sich versammelten – für sie meist völlig unklar, wohin es ging, denn es war nur wieder eine unter vielen Etappen –, musste ich selbst oft weinen.

Nur einmal – ebenfalls am Hafen, unmittelbar vor dem Auslaufen der Nachtfähre – war da ein großes Strahlen: Ich erkannte eine syrische Familie wieder, die oft zu uns in das Gemeinschaftszentrum von *One Happy Family* gekommen war. Vater, Mutter, zwei Jungen und ein kleines Mädchen. Das kleine Mädchen trug eine glitzernde Krone in seinem Haar. Wie eine Prinzessin. Wer hatte ihr dieses Schmuckstück aufgesetzt an diesem windigen Abend, wo sich alle anderen mit Kapuzen schützten? Ein Zeichen vom Himmel.

Hätte Yannis Behrakis das Mädchen entdeckt, hätte er den Kronen-Zauber ganz sicher mit seiner Kamera eingefangen und für alle Ewigkeit bewahrt.

Volunteers

»Mitgefühl ist ein Verb.«
Thich Nhat Hanh

Athen Flughafen Eleftherios Venizelos, im Oktober 2019. Als ich in der Warteschlange zu meinem Flug nach Mytilini stand, erkannte ich sie sofort: Es waren weder Griechen noch Touristen. Es waren Volunteers. Und ich sollte eine von ihnen werden. Ein Novum in meinem Lebenslauf und ein Abenteuer zugleich.

Auch für Lesbos waren die Volunteers etwas Neues. Die Ankunft dieser größtenteils jungen Menschen aus vieler Herren Länder – diesmal nicht von der türkischen Küste herkommend – krempelte die Sozialstruktur der Hauptstadt Mytilini und ihrer Umgebung gehörig um. Etwa zeitgleich mit dem Anstieg der Flüchtlingszahlen bezogen mit den NGOs auch ihre Aktivisten die Gegend rund um das Lager Moria, um die Hilfsprogramme zu koordinieren und am Laufen zu halten. Manche von ihnen blieben nur Tage oder Wochen, andere mehrere Monate. Und manche hält es seit Jahren dort fest.

Wer als Volunteer nach Lesbos kam, gehörte sofort zu seiner Gruppe. Man wurde erwartet, und falls man zum wiederholten Male anreiste, wie eine Heimgekehrte freudig begrüßt. Die Freiwilligen hatten schon vor der Reise entschieden, bei welcher Organisation sie tätig sein wollten, und hatten die Regeln der jeweiligen NGO per Unterschrift akzeptiert. Nach wenigen Tagen waren sie vollwertige Mitglieder, in Windeseile eingearbeitet von dafür abgestellten Mitarbeitern.

Am Ende meiner ersten Woche, als wir Freitagabend mit dem überfüllten Bus in Richtung Mytilini am Meer entlangfuhren, fragte mich eine Krankenschwester aus Irland, wie ich mich fühlte. »Wie unter Drogen, kein Schlaf, so viele Eindrücke, so viele Menschen ...«, stammelte ich, obgleich ich nicht einmal genau weiß, wie es sich anfühlt, echt unter Drogen zu stehen.

Vielleicht rutschte mir diese Antwort heraus, weil ich keinen besseren Ausdruck fand für diese neue Erfahrung, derart intensiv über längere Zeit mit Menschen zu kommunizieren. Es waren nicht nur die Begegnungen mit den Geflüchteten, die uns unentwegt forderten, sondern wir arbeiteten permanent im Team mit anderen Volunteers. Und das waren nicht die berechenbaren Mitarbeiter, die ich aus meinem eher bürgerlichen Leben kannte, keine klassischen Kollegen, sondern eine extrem bunte, manchmal explosive Mischung ständig wechselnder Persönlichkeiten.

Wie soll ich sie porträtieren? Die Volunteers in Lesbos, so wie ich sie wahrgenommen habe, waren eine ganz eigene Spezies. Einerseits waren sie wie ich und du: (fast immer) gut erzogen, meist gut ausgebildet, verantwortungsbewusst. Oft hatten sie ein Studium oder eine Ausbildung hinter sich, manche steckten noch mittendrin oder hatten gerade Abitur gemacht. Einige waren in ihrer Heimat arbeitslos gewesen und lebten noch abhängig vom elterlichen Budget. Andere waren bestens ausgestattet mit Klamotten, schicken Rucksäcken und teuren Trinkflaschen, Geld schien für sie kein Problem zu sein. Hinzu kam die Gruppe von Helfern aus anderen europäischen Ländern oder den USA, die zu Hause voll berufstätig waren und sich für den Einsatz in Lesbos freigemacht hatten: Lehrer, Ärzte, Techniker und Juristen. Und schließlich gab es etliche individuell Zugereiste, die gleichsam als Ein-Mann- oder Ein-Frau-NGO tätig wurden: Zauberer, Trauma-Psychologen, Priester, Maler, Musiker, Aussteiger und Abenteurer. Kurz, sie kamen aus unterschiedlichen Milieus, allen sozialen Schichten, aus allen Berufen und, wenn auch mehrheitlich jung, aus allen Altersgruppen.

In einem aber waren sie deutlich nicht wie ich und du. Alle, die nach Lesbos aufgebrochen waren, um sich dort einzumischen, um ihre Zeit und Arbeitskraft zu schenken, waren meist ausgeprägte Individualisten, unkonventionell und unangepasst. In einer solchen Ansammlung lag einerseits der Reiz und der Reichtum in den NGOs, und es war zugleich die Quelle für viele interne Reibereien.

Ein Beispiel: In jeder der NGOs hat sich notwendigerweise eine Routine eingestellt, wobei aus Zeitgründen nicht jede einzelne Maßnahme erklärt werden konnte. Dann geschah es manchmal, dass ein neues Mitglied, das zu Hause möglicherweise eine Leitungsfunktion innehatte, auch hier in die gewohnte Rolle schlüpfen wollte, kurz: leiten und bestimmen wollte. Mit scharfem Blick erkannte solch eine Person schon am ersten Tag vermeintliche Mängel in der Organisation, um sofort eigene Vorstellungen zu präsentieren: »Der Englischunterricht läuft falsch!«, hieß es dann, oder »Die Kinderstation ist ein Desaster«, oder: »Das Hygienekonzept stimmt nicht!« Die internationalen Hygienebestimmungen, die diese frisch zugereisten Freiwilligen aus der Tasche holten, kamen natürlich weniger gut im Team an. Vor allem nicht bei den Kollegen, die draußen auf dem Hof Müll einsammelten und die Toiletten schrubbten.

Die Motive, weshalb jeder und jede Einzelne sich auf den Weg nach Lesbos gemacht hatte, waren so unterschiedlich wie die Menschen selbst. Ich war immer wieder erstaunt, mit welcher Klarheit und Willenskraft sich da Menschen aus den entferntesten Ecken der Welt aufgemacht hatten: Da war eine Yogalehrerin aus Südkorea, eine Lehrerin aus Quebec oder eine dreiköpfige Familie aus Australien – der Vater Jurist, die Mutter Hebamme, der Sohn Musiker. Ein Mann hatte sein Geschäft verkauft, um frei zu sein für die Arbeit auf Lesbos. Wieder andere wechselten seit Jahren schon von einem Einsatzort zum anderen. Volunteering war ihr Leben.

Einige kamen aus einer klaren politischen Entscheidung heraus, andere waren religiös geprägt, und jeder versuchte auf individuelle Weise die eigene Weltanschauung wenn nicht auszuleben, so doch zur Geltung zu bringen. Am liebsten in Diskussionen!

Tatsächlich diskutierten die Volunteers pausenlos. Über die Tageserlebnisse im und um das Lager Moria, über das Lager selbst, über Polizisten und die *locals*, über Medien und vor allem über den Sinn der eigenen Arbeit in Moria. Dies war das den ganzen Winter durchziehende Thema. Was tue ich hier? Tue ich das Richtige? Tue ich genug? Die Antwort war schon in der Frage selbst angelegt: Nein, ich tue viel zu wenig!

Die meisten Volunteers – so wie ich es erlebte – hegten fortwährend das unbefriedigende Gefühl, niemals das ausrichten zu können, was eigentlich notwendig wäre. Wir gaben dem einen Migranten Hilfe und mussten sie gleichzeitig anderen verweigern. Wir hörten dem einen zu und hatten kein Ohr frei für die anderen, die drum herumstanden. Wir gaben dem einen Kind eine Mütze, die anderen froren weiter. Wir teilten Hunderte Mahlzeiten aus, und Tausende Menschen hatten weiter Hunger.

Solche Gefühle trieben uns alle um. Wir teilten sie miteinander, aber es gab wenig Trost und vor allem keine Lösung.

Viele meiner freiwilligen Kollegen waren so besessen von diesem Unbehagen, dass es sie zu immer mehr Aktivitäten trieb. Auch samstags und sonntags arbeiteten sie weiter. Sie sprangen ein in Extra-Dienste für andere NGOs, organisierten Müllsammlungen auf Straßen und Stränden. Sie transportierten Wäschesäcke vom Lager zur Waschstation und umgekehrt. Sie absolvierten Fortbildungskurse, von denen es in Mytilini unzählige gab. Immerhin nutzten einige die Wochenenden auch für Sport und Ausflüge, zumeist in Gruppen.

Dies fiel mir von Anfang an auf: Die jungen Volunteers neigten auffällig stark zu Gruppen- oder, um spezifischer zu sein, zu Peergruppenverhalten. Durch das Fehlen der eigenen

Familie schufen sie sich in den WGs und vor allem in ihrer Freizeit eine Art Familienersatz: Die Abende wurden gemeinsam verbracht, Sport, Ausflüge, Shopping, alles gemeinsam in der schützenden Gruppe und deutlich separiert von den Einheimischen. An den langen Abenden, bevor man in Tiefschlaf fiel, tauschte man sich endlos aus über vorherige Abenteuer in anderen Ländern: »Damals in Calais«, oder »damals in den Townships von Südafrika und in den Slums von Bombay ...«. Hier war man unter sich und fühlte sich verstanden.

Vor allem eins trieb viele Volunteers um. Alle waren sich einig, dass das Leben der Geflüchteten äußerst bedrückend war. Sie sahen es ständig, sie identifizierten sich mit dem Leid der Lagerinsassen, sie begehrten auf gegen die Verhältnisse, mit denen sie täglich zu tun hatten. Und trotzdem empfanden sie sich selbst als Teil dieses Systems, als dessen Handlanger. Sie fühlten sich, als ob sie durch ihren Einsatz das Funktionieren eben dieses Systems mit aufrechterhielten.

Ein Dilemma, für das es keinen Ausweg gab. Da konnte man diskutieren, so viel man wollte, eine Lösung war nicht in Sicht. Die einzige Denkrichtung, die ich selbst mir geben konnte – und manchmal anderen zu vermitteln versuchte –, fand ich bei Theodor W. Adorno. »Es gibt kein richtiges Leben im falschen«, hatte er 1951 in seiner Aphorismen-Sammlung *Minima Moralia* geschrieben. Was immer wir taten an täglicher Arbeit, es konnte nie *richtig* sein. Und dennoch war es notwendig.

Griechen

»Wohin man sich in Griechenland auch wendet,
öffnen einem die Menschen ihre Herzen wie Blumen.«
Henry Miller

Dass die Griechen exzellente Gastgeber sind, hat sich längst herumgesprochen. Tatsächlich gehört die Großherzigkeit gegenüber dem Fremden zu einer der uralten kulturellen Tugenden. Eine Tugend, die die Inselbewohner in den vergangenen Jahrzehnten auch häufig in bare Münze umsetzen konnten. Reich gedeckte Tavernentische, Musik und Tanz, herzliche Gastgeber, dazu Sonne und azurblaues Meer – der Tourismus ist längst ein Hauptwirtschaftszweig, auch mit all den negativen Implikationen, die solch eine einseitige Ausrichtung mit sich bringt. Auf der Insel Lesbos – und besonders in den Küstenorten – existiert kaum ein Haus ohne Fremdenzimmer. Viele Familien drängeln sich im Sommer im Hinterhaus oder ziehen während der Saison zu Verwandten, um das eigene Haus zu vermieten. Die Geschäfte quellen über von Ouzofläschchen, Honigtöpfen, Olivenseifen, Sonnencremes und Plastikschlappen. Hotels, Cafés und Restaurants wetteifern um Touristen.

Aber zurück zu Moria: Alle, die mir über die vergangenen Jahre im Lager Moria berichteten, bestätigen mir, dass die Bewohner von Lesbos gemäß der griechischen Tradition gehandelt hatten. Gerade auch die Menschen aus den Dörfern rings um Moria, aus Afalonas, Panagiouda, Pamfila, öffneten den Menschen, die über die Ägäis gekommen waren, anfangs ihre Herzen »wie Blumen«: Sie empfingen die Migranten der ersten Flüchtlingswelle wie Brüder und Schwestern. Sie spendeten Essen und Trinken, Decken, Kleider, Regenschutz und Babybetten und oftmals auch die erste Unterkunft im eigenen Haus. Mit Tränen in den Augen erzählen Einheimische, wie sie damals die Nächte durchwacht hatten, um die Gestrandeten nach der dramatischen Bootsüberfahrt zu versorgen und zu trösten. Sie sprechen von den Geflüchteten, als wären es Verwandte. Diese Hilfsbereitschaft entsprang einem tiefen Mitgefühl gegenüber den Menschen, die sichtlich alles verloren hatten.

Und vermutlich entsprang sie einer Identifikation, selbst wenn darüber nur wenig gesprochen wird. Die Griechen können selbst auf eine intensive Wanderungsgeschichte zurückblicken, die bis in die Antike zurückreicht. Und sie kennen aus eigenem Erleben beide Seiten von Migration: Kommen und Gehen.

Teilweise sind sie selbst oder Angehörige vor nicht einmal hundert Jahren hierher eingewandert, als Folge der Vertreibung aus der Türkei. Im Frieden von Lausanne 1923 wurde ein »Bevölkerungsaustausch« vereinbart. Der vermeintliche Friede bedeutete für die betroffenen Menschen eine Katastrophe, für die Hunderttausende Muslime, die Griechenland verlassen mussten, ebenso wie für die eineinhalb Millionen Griechen, die aus der neugegründeten türkischen Republik vertrieben wurden. Kurzum: Viele Griechen wissen, wie es sich anfühlt, Flüchtling zu sein, zumindest aus den Erzählungen der Großeltern.

Zudem sind unzählige Griechen in weite Teile der Welt emigriert. In Orten wie Odessa, Marseille oder Nizza finden sich bis heute deutliche Spuren einer ehedem starken griechischen Diaspora. In den USA, in Lateinamerika oder Kanada gibt es hochlebendige Greek-Towns mit komplexer Infrastruktur. Man kann dort griechisch heiraten und in griechische Schulen gehen, und manchmal sind sogar die Straßenschilder in griechischer Sprache. In Melbourne lebt die derzeit drittgrößte griechische Gemeinde nach Athen und Thessaloniki. Jeder junge Grieche hat irgendwo in der Welt eine Tante oder einen Cousin oder beides wohnen. Und auch in Deutschland leben derzeit etwa 380 000 Griechen.

Neben Braindrain-Effekten für die griechische Gesellschaft hinterlässt die Abwanderung auch Wunden in den Menschen.

Bei denen, die ihre Söhne und Töchter ziehen lassen mussten und die ihre Enkel über Jahre hinweg und manchmal auch nie sahen. Aber auch bei denen, die ihr eigenes Dorf, ihre Eltern und Großeltern, und zum Teil selbst die eigenen Kinder verlassen mussten. Die emigrierten, um in der Ferne den Lebensunterhalt zu verdienen und mit den Rimessen, den monatlichen Geldsendungen, die Zurückgebliebenen zu versorgen. Einige Abenteurer zogen sicher auch freiwillig, doch das Gros derer, die Griechenland verließen, taten es aus Not heraus. »Griechenlands größte Katastrophe war nicht Smyrna, es war die Migration«, sagt Kostas Ferris, Regisseur des Filmes *Rembetiko*.

Die Griechen kennen sich aus. Ihre Literatur berichtet über Kriege und Bürgerkriege, über Erdbeben, Militärdiktaturen, Hungersnöte und dadurch bedingte Emigration. Lieder, Gedichte und Filme beklagen erzwungene Wanderung, Heimweh, Sehnsucht, Verlust, Mangel, Einsamkeit, Sprachlosigkeit. All das fand und findet bis heute Niederschlag im kollektiven Gedächtnis der Griechen.

Umso erschreckender war es, als die anfangs von Empathie getragene Stimmung auf Lesbos irgendwann kippte. Ich sage bewusst »irgendwann«, denn der genaue Zeitpunkt ist schwer auszumachen. Redet man mit den Einheimischen, so geben sie unterschiedliche Erklärungen. Manche sind sich dieser Veränderung gar nicht bewusst, »es war schon immer so«, sagen sie.

Aber es war nicht immer so. In der Umgebung von Moria wurde es ungemütlich. Die Männer rückten enger zusammen, blickten misstrauisch und irgendwann feindlich auf jeden, der nicht zu ihnen gehörte. Böse Blicke durchbohrten mich einmal, als ich an einem Februar-Morgen durch das Dorf Moria ging. Ich bestellte einen Kaffee, die Männer fragten den Wirt, warum ich dort säße. Der Wirt erklärte: »Die Frau hat Durst.« Aber mir war unwohl beim Trinken. Mein Alter verlieh mir zwar eine Schutzhülle – man ist hier gut zu den Alten. Aber wehe den Migranten von Moria.

Der Umschwung in Misstrauen und offene Aggression gegen Flüchtlinge und NGOs kam nicht über Nacht. Er schlich sich unbemerkt ein, in kleinen Szenen auf der Straße, in den Cafés, in den Bussen - überall. Und er eskalierte in einem Ausmaß, das keiner je erwartet hatte - in Großdemonstrationen, Schlägereien und Brandstiftungen.

Um den Konflikt zu verstehen, sollten wir nicht die Nachwehen der langanhaltenden Wirtschaftskrise vergessen, die Griechenland so schwer getroffen hat. Seit Jahren war der Touristenstrom rückläufig, längst legten keine Kreuzschiffe mehr in Mytilini an und wurden die Charterflüge aus Europas Metropolen weniger. Die Mehrzahl der kleinen Souvenirboutiquen dümpelte am Rande des Abgrundes. Viele Restaurant- oder Hotelbesitzer hielten nur durch, weil Verwandte noch Olivenwälder oder eine Schafherde besaßen und damit die Grundversorgung der Familie sichern konnten. Aber viele mussten dichtmachen, abzulesen an den unzähligen Schildern »*Inikíasi*« (»Zu vermieten«) an Läden und verriegelten Restaurants.

Viele Griechen litten Not, litten unter Verbitterung und Ohnmachtsgefühlen. Und in ihrer Bedrängnis, vermischt mit wirren Fernsehbildern und viel Ouzo, waren die Schuldigen schnell gefunden. Brüssel wurde zum Sündenbock, ebenso Angela Merkel. Aber Brüssel ist abstrakt. Und auch Frau Merkel war nicht wirklich fassbar. Sehr im Gegensatz zu den vielen Flüchtlingen, die ganz real die Insel bevölkerten. Sie galten als Schuldige dafür, dass keine Touristen mehr kamen und die Lage immer schwieriger wurde. Je mehr Migranten auf der Insel landeten – und es strandeten ja tatsächlich unerwartet viele in diesem Winter –, desto mehr trügen sie die Schuld.

Ganze Dorfgemeinschaften schotteten sich ab. Wie etwa Molivos, die »Perle von Lesbos«, wo keine Aktivitäten im Zusammenhang mit den Flüchtlingen geduldet wurden. NGOs wurden bedroht und mussten abziehen. Manche Gemeinden zerstritten sich heftig, zum Beispiel Skala Sykamineas. Die Mehrzahl der Dorfbewohner wollte die Flüchtlinge loswerden, um die Postkartenidylle ihres Fischerdorfes zu bewahren. Viele Hausbesitzer hingegen waren auf die Mieten der NGO-Freiwilligen angewiesen und wollten diese nicht missen.

In Moria stieg die Zahl der ankommenden Flüchtlinge seit dem Herbst 2019 rasant an. Im Oktober waren es noch 14 000, im November 17 000, im Dezember 19 000 und im März 2020 war der Höhepunkt erreicht mit mehr als 20 000 Menschen. Mit dieser ständig wachsenden Zahl erhöhte sich der Druck im Lager selbst und in den umliegenden Olivenhainen, wo inzwischen mehr Menschen hausten als im Zentrallager. In den Olivenwäldern suchten sich die Migranten Platz für ihre Zeltverschläge und Hütten. Irgendwann hackten sie die Äste der Olivenbäume ab, entweder um damit Hütten zu bauen oder um das Holz zu verbrennen. Manchmal brannten ganze Bäume ab. Den Besitzern der Olivenhaine wurden zwar Abfindungen gezahlt, aber ein Olivenbauer, der seine Bäume jahrzehntelang gepflegt und geerntet hatte, fühlt sich immer verletzt. Ein Olivenbaum braucht um die achtzig Jahre, bis er reichlich trägt, und die Zerstörung der

Olivenhaine war sicher ein wichtiger Grund für die kollektive Wut der Menschen.

Aber es blieb nicht dabei. Viele Griechen behaupteten, dass man ihnen Schafe von der Weide oder sogar vom eigenen Hof entwendet hatte. Manchmal seien die hungrigen Diebe derart in Hektik und wohl auch in Angst gewesen, dass sie ihre Messer und Rucksäcke am Tatort vergessen hätten. Diese Geschichten, von Videos untermauert, machten den ganzen Winter über die Runde, peitschten die Empörung auf, heizten die Wut weiter an.

Wie viel da Dichtung war und wie viel Wahrheit in all den Gerüchten lag, lässt sich schwer ausmachen. Jedenfalls sah ich irgendwann keine Schafherden mehr, so wie ich ihnen im Norden der Insel überall begegnete. In und um Moria wurden die Schafe – so wie die Menschen in Moria – eingegittert.

Keine Olivenhaine, keine Tiere, nichts sei den Migranten heilig. Und schon gar nicht die orthodoxe Religion. Das war die verbreitete Vorstellung vieler Inselbewohner. Tatsächlich wurden einige Kapellen »entweiht«, nicht vollends zerstört, aber ganz offensichtlich demoliert, Scheiben zerschlagen, Gegenstände entwendet. »Wir sind ein christliches Land«, kreischte eine Frau auf der Straße, und vermutlich dachten viele dasselbe. Die Angst vor religiöser Überwältigung weckte alte Erinnerungen an 450 Jahre osmanischer Herrschaft auf der Insel. In diesem Winter mischte sich alles mit allem: Zeit und Raum, Fake News und wiederbeschworene kollektive Ängste wirbelten hysterisch durcheinander.

Eine Lösung war nicht in Sicht. Die Herzen vieler Griechen auf Lesbos öffneten sich schon lange nicht mehr wie Blumen.

One Happy Family

»Für mich ist dies der einzige Platz auf der Insel,
wo ich mich sicher fühle.«
Besucher von OHF

Zehn Monate lang war ich Mitglied von *One Happy Family* (OHF), einer Schweizer NGO. Von Anfang an hatte mich der Name irritiert. War er nicht ein wenig deplatziert, schönfärberisch? Forciert optimistisch hier an diesem Ort? Aber im Laufe der Monate verstand ich seinen Sinn.

One Happy Family wurde 2017 gegründet, um den Moria-Flüchtlingen einen weitgehend geschützten Raum zu gewähren, wo sie täglich ein paar Stunden lang aus der Lageröde, dem Dreck, der Enge und dem Gestank entfliehen konnten. Das Gemeinschaftszentrum liegt sechs Kilometer vom Lager Moria entfernt, zu Fuß wanderte man etwa eine Stunde, mit Kinderwagen auch länger. Der lange Weg sollte sich für die Flüchtlinge lohnen. Hier im Center sollten sie essen und trinken, sie sollten saubere Toiletten vorfinden, Heilung suchen, arbeiten, Infos sammeln, sich mit Hygieneartikeln und Kleidung versorgen, lernen und spielen können. Vor allem aber Mut tanken!

Freundlichkeit, Zugewandtheit und Fröhlichkeit, eben *happiness* gegenüber unseren Besuchern war deshalb höchstes Gebot. Wer das erste Mal die Tore von OHF durchschritt und über den Hof in Richtung der großen Halle wanderte, rechts vorbei an der *School of Peace*, tauchte sofort ein in diese fast allgegenwärtige Freundlichkeit und Fröhlichkeit. Sie bildete den Gegenpol zu dem Dauerstress und Überlebenskampf, der das Lager Moria kennzeichnete. Nach diesem Winter wusste ich: OHF war ganz sicher nicht immer *happy*, aber es war von Anfang an und bis zum letzten Tag ein lichter Ort.

One Happy Family wird ausschließlich durch Spenden finanziert. Das etwa hundert Menschen umfassende Team, das alle anfallenden Arbeiten im Zentrum leistete, setzte sich zusammen aus einem Viertel Volunteers und drei Viertel Migranten aus Moria, den sogenannten Helfern. Fünf festangestellte Mitarbeiter bildeten das Leitungsteam.

Im OHF ging es nicht darum, die Migranten zu versorgen oder gar zu verwalten, wie sie es vom Lager her zur Genüge kannten. Sie sollten einbezogen werden in die Tagesabläufe, in die Arbeit, in die gemeinsamen Vergnügungen. »Nicht FÜR sie, sondern MIT ihnen« lautete deshalb unser Leitspruch. Unsere Helfer wurden täglich per Bus aus dem Lager abgeholt und abends, meist beladen mit Wäschesäcken, wieder abgesetzt. Diese Männer und Frauen, die bei uns voll verantwortlich arbeiteten, hatten das Gemeins chaftszentrum meist vorher schon über längere Zeit kennengelernt. Bei diesen Jobs herrschte eine starke Fluktuation. Oftmals wurden die Helfer über Nacht und ohne Vorankündigung aufs Festland transportiert und ihre begehrte Stelle war plötzlich frei.

Dieses abrupte Ende des Aufenthalts in Moria teilten viele unserer Mitarbeiter mit anderen Asylsuchenden. Der Transport geschah immer so urplötzlich, über die Köpfe der Menschen hinweg. Morgens oder mittags sagte man ihnen, dass sie abends am Hafen sein sollten. Obgleich dies ein langersehnter und wichtiger Schritt auf der Fluchtroute war, standen viele in diesem Moment unter Schock, weil sie sich von niemandem verabschieden konnten und Angst vor dem Ungewissen hatten. Jedenfalls waren diese abendlichen Versammlungen an der Fähre nach Piräus selten fröhlich, sondern eher das Gegenteil.

Natürlich arbeiteten Volunteers und Helfer Hand in Hand, sie bildeten notwendigerweise ein enges Team. Dabei waren die Migranten den ständig wechselnden Volunteers in vielem voraus. Sie kannten sich aus. Sie sprachen die Sprache der Besucher, sie waren erprobt in Küche und im Sicherheitsdienst, in der Kinderbetreuung. Umgekehrt brachten die Freiwilligen permanent neue Ideen, ihr internationales Know-how, ihre kreative Intelligenz und oftmals ihre Lebenserfahrung ein, die von Nutzen für das Ganze war. Dazu kam für jeden das allgegenwärtige warme Gefühl, Mitglied einer Familie zu sein.

Dieses Team garantierte den Betrieb im OHF für die täglich rund eintausend Besucher – manchmal waren es auch deutlich mehr. Und im Mittelpunkt stand, wie konnte es anders sein, das Essen. Mit dem Mittagessen um vierzehn Uhr, zumeist pünktlich wie eine Schweizer Uhr, war der Höhepunkt des Tages erreicht. Alle waren versammelt. Wie die Küchenmannschaft in der Lage war, in dieser winzigen, nur wenige Quadratmeter umfassenden Küche bis zu 1300 Mahlzeiten zu zaubern, ist mir bis heute ein Rätsel.

Die große Halle des Hauptgebäudes bildete das räumliche Zentrum von OHF. Sie war der Treffpunkt für alle Besucher und Raum für den Großteil der gemeinsamen Aktivitäten. Man muss sie sich vorstellen wie eine große Bahnhofshalle – Platz für zwei- bis dreihundert Menschen, Holzbänke und große Tische, und von dieser Halle ausgehend Funktionsräume wie das Café, die Kleinkinderstube, das Kino, der Medienraum, der Barber-Shop (ja auch einen Friseur gab es), Wasch- und Büroräume. Am Eingang der Halle war die Bank angesiedelt, hier konnten die Geflüchteten eine Art Spielgeld abheben und mit diesen selbstgedruckten OHF-Drachmen Kleinigkeiten einkaufen.

Auf dem Außengelände waren uns assoziierte NGOs angesiedelt, die *International School of Peace*, die Klinik *Medical Volunteers International*, die Gruppe *Yoga und Sport* mit Yogazelt und Gymnastikhalle und – als wohltuendes Refugium für Mitarbeiter und Besucher gleichermaßen – der Permakulturgarten, der zwar für die Versorgung der Küche nicht ausreichte, aber zumindest dazu beitrug. Die kleine Moschee, unter dem hinteren Dach der Klinik, glich eher einem Versteck, hierhin zog es die meist männlichen Besucher, wenn sie sich in ihre Gebete versenken wollten. Die muslimischen Frauen breiteten im geschützten *women's space* ihre Gebetsteppiche aus, wenn es an der Zeit war. Manche beteten auch im Waschraum, da mochten Maschinen rattern, da mochten andere um sie herum lärmen, nichts erreichte sie in ihren Gebeten.

In der auf dem Hof befindlichen Reparaturwerkstatt war unentwegt Betrieb: Rostige Fahrräder wurden wieder fahrbar gemacht. Olivenölkanister wurden zu Mini-Öfen transformiert. Bei Wintereinbruch schweißte die Mannschaft unentwegt Zeltplanen mit wärmedämmenden Materialien. Teerpappe, Holz, Plastikplanen, Erwachsene, Kinder, Hunde, Katzen und Möwen wuselten durcheinander. Manche flickten ihre zerschlissenen Schuhe.

All diese kleineren NGOs, die sich auf demselben Gelände befanden, standen mit *One Happy Family* in enger Kooperation. Unser Sicherheitsdienst wachte auch über sie, unsere Küche versorgte auch sie, und die Kinder aus Moria, die per Bus zur *School of Peace* gebracht wurden, bekamen ihre Speisen bei uns. Bei Bedarf »verliehen« wir unsere Freiwilligen an die Schule, wie überall herrschte auch dort Mangel an Englischlehrern.

Für die Volunteers galt ein strenges Regelwerk. Diese Regeln bezogen sich auf das Verhalten im Team, aber natürlich auch gegenüber den Besuchern. Sie enthielten Einschränkungen, bisweilen auch Verbote. Anfangs war es für mich manchmal schwierig, diese zu akzeptieren, wenn es zum Beispiel hieß: »Do not hug, pick up, kiss, lap-hold or cuddle children.« Mit der Zeit aber verstand ich sie mehr und mehr.

Man muss sich vergegenwärtigen: Im Lager Moria lebten die Geflüchteten außerhalb jedes Rechts- und Regelsystems.

Jeder kämpfte um das Überleben, das eigene und das seiner Familie. Jeder lebte von der Hand in den Mund, abgeschnitten von der eigenen Vergangenheit und im Ungewissen über das, was kommen würde. Permanent gerieten die Menschen aneinander, sei es an der Wasserstelle, um den Platz in der Essensschlange oder vor den Containerklos. Dazu die permanente Angst, dass ihnen das Wenige, was sie besaßen, genommen würde.

Um dieser tiefen Verunsicherung etwas entgegenzusetzen, braucht es nicht nur gute Worte. Es braucht Strukturen. Klare Strukturen können beruhigen, sie geben Sicherheit und Vertrauen. Pünktlichkeit, zum Beispiel bei der Essensvergabe, wirkte tief entspannend. Auch die klar eingehaltenen Öffnungs- und Schließzeiten und der Beginn von Unterricht oder Spielen gehörten dazu. Die Besucher spürten, dass sie sich auf uns verlassen konnten, und dies hatte eine heilsame Wirkung. Der weite Weg hatte sich gelohnt, auch wenn es regnete oder der Wind über die Insel fegte.

Zu den Regeln gehörte auch, dass wir als Mitarbeiter von OHF keine persönlichen Bindungen zu den Geflüchteten eingehen, sondern uns durchweg »professionell« verhalten sollten (»do not hug!«). Auch diese Regel, so rigide sie auf den ersten Blick erscheinen mochte, erwies sich als sinnvoll. Die Freiwilligen blieben oft nur wenige Wochen auf Lesbos, selten länger. Gerade in der ersten Zeit gerieten sie häufig in eine euphorische Stimmung, sie fühlten sich überschwemmt von Emotionen und gingen verschwenderisch mit Sympathie und Versprechungen um. Dann aber, so plötzlich wie sie aufgetaucht waren, verschwanden sie auch wieder und ließen die Geflüchteten allein zurück. Ganz besonders den Kindern durften wir diese Erfahrungen nicht zumuten, sie hatten schon genug Verlust erfahren.

Der Umgang mit Regeln war heikel. Hoch umstritten. Viele Freiwillige waren frustriert, einige mussten auch gehen. Ich persönlich habe mich weitgehend an die Regeln meiner NGO gehalten, ich habe sie den anderen erklärt und sie nach außen hin verteidigt. Und gleichzeitig musste ich sie, aus persönlichen Gründen, die in diesem Moment wichtiger waren als die der Organisation, bisweilen brechen. Im Kapitel »Marwa« erzähle ich davon.

Singles

»Einsamkeit, Einsamkeit, traurige Gefährtin …«
Lawrence Durrell

An einem Sonntagnachmittag ging ich, wie so oft in diesem Winter, in Mytilini am Hafen entlang. Mein Ziel war das Café *Panhellenion*. Beim Gehen träumte ich vor mich hin, so dass ich die drei jungen Männer auf einer Bank fast nicht wahrgenommen hätte: »Hello, my friend!«, riefen sie mir zu. Alle drei waren Mitarbeiter meiner Organisation *One Happy Family*, selbst Flüchtlinge aus Afghanistan und aus dem Irak. Sie saßen und alberten hier vor sich hin. Ich hielt an und fragte sie, was sie gerade machten. Etwas anderes fiel mir in diesem Moment nicht ein. Nach einem kurzen verlegenen Lachen kam zögernd die Antwort: »Wir reden über unser Single-Leben.«

Weg war es, das Lachen. Ich ging darauf ein: »Ja, das Leben allein ist schwierig. Es ist nicht gut für euch, es tut euch nicht gut.« Und wir redeten darüber, wen sie verlassen mussten – die Eltern, die Geschwister, die Großeltern, und wie sie sich selbst eine eigene Familie erträumten. Alle drei glaubten nicht mehr wirklich daran.

Sie ersehnten sich eine Partnerin, aber sie hatten das Gefühl, dass es für sie selbst keine geben könne. Den Frauen ihrer Herkunftsländer fühlten sie sich durch die lange Abwesenheit schon entfremdet. Die verhüllten Mädchen von daheim wollten sie hinter sich lassen. Es erklang darin eine Spur Herablassung, als ob ihre Landsgenossinnen ihnen nicht modern genug erschienen. Die wirklich »modernen« jungen Frauen hingegen, denen sie nun täglich in und außerhalb Morias begegneten, die Freiwilligen mit den Kurzhaarfrisuren oder langen, flatternden Haaren, blond, braun, rot oder bisweilen auch blau, kamen ihnen ganz unerreichbar vor. Wie Filmstars, die einem auf einem Plakat zulachen, aber niemanden wirklich meinen.

Nachdem sich die drei Freunde ausführlich darüber ereifert hatten, welche Frauen für sie »niemals« in Betracht kämen, fragte ich sie direkt, welche sie sich denn wünschten. Langes peinliches Schweigen. Der Mutigste unter ihnen sagte schließlich: »Eine Griechin.«

Ich war verblüfft. Ich war mir sicher, dass sie außer der Kassiererin im Supermarkt oder der Kellnerin in der Taverne keinerlei Kontakte zu Griechinnen hatten. Sie sprachen, obwohl schon lange auf der Insel, kein Wort Griechisch und lebten in ihrer eigenen, von den Einheimischen getrennten Welt. Offenbar sahen sie in den Griechinnen einen guten Kompromiss aus West und Ost. Vermutlich unterstellten sie den griechischen Frauen, nicht so »emanzipiert« und eigensinnig zu sein wie die westeuropäischen und amerikanischen Volunteers. Sie empfanden sie als braver, konventioneller, mehr dem eigenen traditionellen Frauenbild entsprechend.

Gleichzeitig trugen die Griechinnen eben keine Kopftücher und erschienen, jedenfalls in der Wahrnehmung der drei jungen Männer, freundlich und zugewandt. Und hübsch. »Rund und hübsch und begehrenswert«, so nannten sie sie.

Ich war berührt, wie die drei jungen Migranten ihr Frauenbild entwarfen, ausschmückten und gedanklich umkreisten. Hinter dem Reden und Witzeln aber spürte ich eine tiefe Resignation und Einsamkeit. Und die erlebte ich auch bei vielen anderen Geflüchteten in Moria. Für die meisten dieser jungen Männer war im Grunde eine der wichtigsten Lebensphasen verloren: die Jahre, in denen der Junge zum Mann wird und in denen er die ersten Kontakte zu Frauen erprobt. Jene Jahre, in denen er einen Beruf lernt oder vielleicht studiert. Doch anstatt das Leben zu planen, mussten diese jungen Migranten im lähmenden Wartezustand verharren, in Nichtstun und Leere.

Und so vertrieben sie sich dann ihre Zeit. Sie machten Witze. Sie schlugen um sich. Sie verhielten sich pubertär und in Liebesdingen verwirrt. Manche betrieben exzessiv Sport. Dahinter aber steckte Angst. Hinter dieser Fassade verbarg sich oft die Verzweiflung darüber, dass es keine Lösung zu geben schien.

Immer wieder in diesem Winter sah ich junge Männer allein sitzen, auf Steinen, am Hafen, auf Bänken, in den Olivenhainen, vor Supermärkten, auf Bordsteinen an der Straße. Mutterseelenallein, neben den Füßen eine blaue Plastiktüte. Selten in meinem Leben habe ich so viel Einsamkeit von Männern erlebt wie in diesem Winter.

Die Männer, die allein nach Moria kamen, waren deutlich in der Mehrheit. Und obwohl auch Familienväter mit Frau und Kindern entwurzelt waren und viel verloren hatten, habe ich sie fast nie auf diese Weise gebrochen erlebt – im Gegenteil. Diese Familienväter nahmen ihre Rolle als Beschützer ihrer Frauen und Kinder meist aktiv wahr. Die Fürsorge für die Familie gab ihnen Würde, Stolz und Durchhaltekraft. Die jungen Singles hingegen bewegten sich wie im Leerlauf. Ohne gefühlte Verantwortung für andere, ohne Perspektive, ohne Hoffnung.

Lidl

»Auf dieser Erde, die ein Stern ist.«
Jacques Prévert

Eine Bushaltestelle, die den Namen Lidl trägt. Ein Discounter, der zur Visitenkarte Europas wurde. Flüchtlinge, die zu ihrem Einkaufsparadies pilgerten, das dabei doch alles andere als ein Paradies war. Mit der Lidl-Filiale, fast genau auf der Hälfte der Strecke zwischen Mytilini und Moria gelegen, verbindet mich eine Hassliebe.

Ich will hier nicht darüber sprechen, was die überall in Europa verbreitete Supermarktkette für die kleinen Händler der Insel Lesbos bedeutet, das ist ein anderes Thema. Stattdessen möchte ich beschreiben, wie ich den Mytilini-Lidl im Zusammenhang mit Moria erlebt habe.

Gewöhnlich verfügten Flüchtlinge über rund neunzig Euro, die ihnen monatlich vom UN-Flüchtlingskommissariat zugewiesen wurden. Zwar gab es in und um Moria einige Verkaufsstände mit Alltagsdingen und Nahrungsmitteln, trotzdem fehlte es an allen Ecken und Enden. Der Weg vom Lager in die Stadt war weit, beschwerlich und für viele zu teuer. Also wanderten die Flüchtlinge oder fuhren per Bus zum Lidl.

Hier fanden die Bewohner von Moria nicht nur Zahnpasta, Seife, Reis, Binden und Batterien, hier konnten sie auch das Glücksgefühl vorwegnehmen, das sie sich von Europa erträumten. Staunend inspizierten sie Regenjacken aus buntem Lack, Coca-Cola, Unterwäsche, Filz-Hausschlappen, Elektrogeräte, Wellness-Utensilien, Spielzeuge und zu Silvester sogar silber-glitzernde Rosen. (Ich habe auch eine gekauft.) Umgeben vom Duft süßer Teilchen, der ihnen aus dem elektrischen Backofen entgegenströmte, badeten die Flüchtlinge ein Weilchen im Konsum.

Und doch war alles so trist. Die Landstraße staubig, die Gegend ein leeres Nirgendwo, der Discounter ein hässlicher Betonklotz. Im Winter watete man durch knöcheltiefe Pfützen, um die Einkaufswagen zu erreichen. Keine Ablage, wo die Flüchtlinge ihre Plastiktüten rangieren konnten, keine Bank, auf der sich die vom langen Weg erschöpften Menschen erholen konnten, natürlich auch keine Toiletten. Stattdessen Wachposten am Eingang, die die Flüchtlinge mürrisch taxierten.

Immerhin zeigten sich die griechischen Kunden meist sehr freundlich. Auch wenn der Laden voller Flüchtlinge war, manche mit der ganzen Familie und entsprechend gefülltem Wagen, warteten die griechischen Kunden meist nachsichtig und mit wohlwollender Geduld.

So durch und durch hässlich das Lidl-Gebäude mitsamt den umgebenden Außenbereichen auch war – selbst hier gab es noch Wunder! An einem Wintersonntag stand ich wieder einmal dort. Nach einer langen Wanderung rund um Moria hoffte ich, dass ein Bus kam, aber er kam nicht. Müde starrte ich auf das menschenleere Gebäude, diesen Albtraum in Grau.

Da sah ich plötzlich vor meinen Füßen zwei Sterne im Beton eingraviert, mit fünf Zacken, sehr zart, aber deutlich erkennbar.

Wer hatte *diese* Sterne an *dieser* Stelle eingeritzt? Ich nahm einen spitzen Stein vom Wegrand (ich hatte nun Zeit, der Bus kam sowieso nicht mehr) und zeichnete die zwei Sterne sorgfältig nach, damit sie nicht verlorengingen. Damit auch noch andere das Sternenwunder entdecken konnten.

Nachtrag: Nach dem Brand von Moria wurde das neue Zeltlager *Kara Tepe* (manche nennen es Moria 2) ganz nahe dem Lidl-Gebäude errichtet. Der Discounter im Niemandsland hatte nunmehr eine weitere, völlig unerwartete Bedeutung erlangt.

Babel

»Daher heißt ihr Name Babel, weil der Herr daselbst verwirrt hat aller Welt Sprache.«
1. Mose 11,9

Wenn ich an Moria denke, dann erklingen sofort die unterschiedlichsten Sprachen in meinem Kopf. Englisch und Farsi, Französisch und Arabisch, Pashto, Dari, Tamazight und viele andere unbekannte Sprachen und Dialekte ergaben einen einzigen Wirrwarr – eine wahre babylonische Sprachverwirrung. Dass man sich kaum miteinander verständigen konnte, wurde immer wieder zum Problem.

Länder wie die Schweiz und Kanada profitieren von ihren verschiedenen Idiomen, in der Großstadt, am Flughafen oder am Urlaubsort erwecken unterschiedliche Sprachfetzen ein inspirierendes Flair von Internationalität.

Im Kontext des Lagers aber war das anders. Die Flüchtlinge, die aus Afghanistan, dem Irak, Iran, Syrien und afrikanischen Ländern stammten, konnten aufgrund ihrer verschiedenen Sprachen kaum miteinander kommunizieren. Missverständnisse, Argwohn und Verbitterung waren die Folge, und wie in der biblischen Geschichte des Turmbaus zu Babel wirkte dieses Sprachchaos wie eine Strafe. Wie schwer war es doch für viele Migranten, an lebensnotwendige Informationen zu gelangen, wenn das Gegenüber kein Wort verstand!

Besonders schwierig war es immer dann, wenn es um Gesundheitsfragen ging. Die Ärzte der medizinischen NGOs klagten häufig über den Mangel an qualifizierten Dolmetschern. Die angeheuerten Übersetzer waren meist selber Lagerbewohner. Auch wenn sie zwei oder drei Sprachen beherrschten, verstanden sie nicht immer die medizinischen Zusammenhänge oder Termini – Übersetzungsfehler und Missverständnisse waren die Folge.

So beklagten die behandelnden Ärzte (auch sie waren oft unterschiedlichster Herkunft), dass die Dolmetscher selektiv übersetzten. Nach eigenem Gutdünken und unter extremem Zeitdruck übertrugen sie nur das, was sie subjektiv auswählten, nicht aber das, was im Rahmen der Krankheitsanamnese wichtig gewesen wäre.

Ein Beispiel habe ich selber miterlebt: Ein Englisch sprechender Arzt im Lager bescheinigte einer jungen Frau eine Schwangerschaft im vierten Monat. Später stellte der untersuchende Gynäkologe in der städtischen Klinik fest, dass die Frau kein bisschen schwanger war. Vielleicht war Ersteres nur eine Fehldiagnose, doch wahrscheinlich lag es an einem sprachlichen Missverständnis. Ein scheinbar harmloser Irrtum, für die fünfköpfige Familie war die Aufregung über die vermeintliche Schwangerschaft aber sehr belastend.

Was für die Medizin gilt, trifft erst recht für die Bürokratie zu. Viele Flüchtlinge hatten keinerlei Erfahrung mit dem Prozedere eines Asylantrags – woher auch. Häufig waren sie auch nicht vertraut mit den Grundlagen bürokratischer Verfahren, wie etwa dem exakten Ausfüllen von Formularen, der präzisen Übermittlung von Namen, Orten, Daten oder auch dem Einhalten von Terminen.

Wie oft habe ich erlebt, dass mich Asylsuchende baten, irgendwelche Formulare für sie auszufüllen. Dabei war ihnen selbst oft nicht klar, um was es ging. Meistens gab ich das Blatt unausgefüllt zurück, aber ich kann mir gut vorstellen, dass irgendwo irgendjemand irgendein lebensnotwendiges Formular für den darum Bittenden ausfüllte und gleich mitunterschrieb. Gut möglich, dass solche gut gemeinten Aushilfen den sprachlichen Wirrwarr noch verstärkten.

Zum Glück hatten Nichtverstehen und Sprachverwirrung nicht immer ernste Folgen. Jahrelang in der Fremde zu Hause, konnten viele Migranten auch sehr gelassen damit umgehen. Wie etwa die beiden jungen Frauen, die ich für eine Nacht in meiner Wohnung unterbrachte. Die beiden waren zeitgleich aus der städtischen Klinik entlassen worden, beide hatten ein Kind geboren, die eine durch Kaiserschnitt.

Da wegen eines Streiks keine Busse nach Moria fuhren, hingen sie in Mytilini fest. Mit ihren Babys und ihren blauen Plastiksäcken saßen sie auf dem zentralen Sappho-Square. Ich holte die beiden jungen Mütter zu mir nach Hause, wo sie sich extrem erschöpft in meiner Küche niederließen. Die eine Frau kam aus Benin und sprach Französisch. Sie erzählte mir, dass sie und ihre aus Afghanistan stammende Begleiterin neun Tage miteinander im selben Zimmer verbracht hatten und sich durch kein einziges Wort verständigen konnten. Und dennoch kommunizierten die beiden unentwegt: Sie sprachen mit Händen und Blicken, hielten einander die Babys, tauschten Windeln, teilten das Essen und auch sonst alles. Die neun sprachlosen Tage hatten sie zusammengeschweißt.

Auch das war das babylonische Moria.

NGOs auf Lesbos

»Eure Aufgabe ist es nicht, zu urteilen.
Eure Aufgabe ist es nicht, zu entscheiden,
ob jemand etwas verdient hat.
Eure Aufgabe ist es, den Gefallenen aufzurichten,
den Gebrochenen wiederaufzubauen
und die Wunden zu heilen.«
Renuka P. Jindal

Als die griechische Regierung, gemeinsam mit dem UN-Flüchtlingswerk, im Oktober 2015 das Lager Moria einrichtete und dessen Verwaltung übernahm, war sie sehr schnell überfordert. Immer mehr Flüchtlinge kamen, im Lager wurde es zunehmend enger. So erscheint es wie selbstverständlich und akzeptabel, dass internationale Nichtregierungsorganisationen ihre Unterstützung anboten und versorgungstechnische, medizinische und administrative Aufgaben übernahmen. Obgleich auch zahlreiche Griechen aus Mytilini bereitwillig ihre Jobs wechselten und in und um Moria Arbeit fanden, fehlte es in vielen Bereichen an qualifizierten Arbeitskräften. Genau hier sprangen die NGOs ein.

Im Folgenden gebe ich eine grobe Liste einiger NGOs, die als Hauptakteure seit 2016 und in den Jahren darauf in und um das Lager Moria sowie in den Ankunftsorten der Flüchtlingsboote im Norden und Süden der Insel tätig waren. Sie halfen dabei, das Leben der Migranten wenn schon nicht besonders angenehm, so doch zumindest halbwegs erträglich zu machen. Die meisten von ihnen verfolgten sehr spezifische Ziele. So waren die NGOs *Mare Librum* und *Sea Watch* bei der Seenotrettung beteiligt. Um die Erste Hilfe bei der Ankunft auf Lesbos kümmerten sich unter anderem die Organisationen *Border Monitoring*, *Lighthouse Relief* oder *Refugee Rescue*. Für alles Medizinische zuständig waren *Ärzte ohne Grenzen*, *Medical Volunteers International* und *Kitrinos Healthcare*. *Attika Human Support* verteilte Kleidung und Gebrauchsgüter. Um Bildung, soziale Betreuung und Essensausgabe kümmerte sich *One Happy Family*, die Einrichtung, in der ich mitarbeitete. Diese Liste ließe sich noch um etliche NGOs erweitern, insgesamt umfasst sie rund siebzig Namen.

So wichtig diese Einrichtungen einerseits waren, so empfanden sie andererseits manche Menschen auf Lesbos als eine Zumutung. Dabei waren die Gründe der Ablehnung ganz unterschiedlich. Zum Beispiel meinten viele, dass die eigene Hilfsbereitschaft plötzlich nicht mehr erwünscht wäre. Bis zur Ankunft der ausländischen Hilfsorganisationen hatten die Griechen selbst geholfen, spontan und ohne institutionelle Anbindung. Sie hatten Suppenküchen errichtet, die Ankommenden bekleidet und mit Decken versorgt. Ärzte und Krankenschwestern hatten Migranten auch nach Dienstschluss betreut. Viele hatten sich kräftemäßig, finanziell und emotional bis an die Grenzen verausgabt. Nun aber zogen sie sich zurück. Viele dieser Männer und Frauen fühlten sich nach hinten gedrängt. Ständig reisten neue Volunteers ein, sie sprachen nur Englisch und waren straff und damit eher »ungriechisch« organisiert. Und immer brachten sie ihre eigenen Ideen über effektives Vorgehen mit. Manche Griechen, so erfuhr ich immer wieder in Gesprächen, fühlten sich dadurch überrollt, gedemütigt als Helfer zweiter Klasse. Einer meinte, die Dominanz der NGOs sei wie eine Art »moderner Kolonisierung«.

In solchen Gesprächen zuckte ich häufig zusammen. Ich musste an die deutschen Besatzer denken, die 1940 Griechenland überfielen und überall, so auch auf Lesbos, für »Recht und Ordnung« sorgten, was die Griechen nur unter Lebensgefahr hinterfragen durften. Ohne Skrupel setzten sich die deutschen Besatzer über die Ordnungsvorstellungen und Traditionen der griechischen Bevölkerung hinweg. Und meine Assoziationen waren gar nicht so abwegig: Mehrmals zeigten mir Taxifahrer die alten Patrizierhäuser, in denen sich die deutschen Besatzer damals einquartiert hatten. Die Geschichte aus den Jahren 1940 bis 1944 ist bei manchen Älteren auf Lesbos noch präsent.

Natürlich geschah dieses Zurückdrängen der griechischen Helfer nicht bewusst oder in böser Absicht. Die NGOs waren angerückt mit nur einem Ziel: die Not der Geflüchteten zu lindern. Dies allein stand für sie im Fokus. Die griechische Bevölkerung, der Alltag der dort lebenden Männer und Frauen, selbst ausgezehrt von den langen Jahren der Wirtschaftskrise, war für die meisten NGOs nicht wirklich ein Thema.

Die Missverständnisse – hier das Gefühl, übergangen und dominiert zu werden, dort der Anspruch, möglichst konsequent die Ziele der NGO durchzusetzen – verschärften sich während des Winters 2019/20 und waren überall deutlich spürbar. Als die Dorfbewohner von Moria und anderen umliegenden Dörfern sich massiv gegen Flüchtlinge wandten, ihnen die Wege durch das eigene Dorf verwehrten und sie sogar angriffen, benutzten manche Volunteers den Begriff *locals* quasi als Schimpfwort. So wie sich die Fronten verhärteten, verhärtete sich auch das Vokabular mit immer neuen Kränkungen auf allen Seiten.

Der zweite Grund, weshalb die NGOs auf Lesbos vielen ein Ärgernis waren, ist eher absurd. Nicht wenige Einheimische machten die NGOs selbst für das Flüchtlingselend ihrer Insel verantwortlich. Ihre Argumentation: Wären da nicht die zahlreichen Hilfsorganisationen, die die Asylsuchenden mit Rechtsberatung, Kleidung, Medikamenten und Unterricht anlockten, würden sich die Menschenmassen gar nicht erst auf den Weg nach Europa machen. Ein klassischer, reichlich zynischer Vorwurf, der Helfern von Flüchtlingen vielerorts gemacht wird, nicht nur auf Lesbos.

Und das Misstrauen ging noch weiter. Manche Griechen vermuteten, dass die internationalen NGOs an der Küste mit den kriminellen Schleusern gemeinsame Sache machten. Tatsächlich wurden Aktivisten von Hilfsorganisationen in den vergangenen Jahren mehrfach wegen Spionage und Menschenschmuggel angeklagt, als seien sie selbst die Organisatoren der Überfahrten.

Diese Gerüchte, Unterstellungen und die reale Gefahr, juristisch belangt zu werden, war ständig Gesprächsstoff – sowohl bei den Männern in den Cafés als auch in den Wohngemeinschaften der Volunteers. Jeder hatte seine Meinung. Jeder insistierte auf seiner Wahrheit.

Zuweilen waren aber auch positive Stimmen zu hören. Nicht alle sahen in den Volunteers das Übel, schließlich brachten die NGOs auch Geld auf die Insel. Die Restaurants und Cafés von Mytilini und der Küste nordwärts wurden nicht nur von Griechen, sondern vor allem von den Volunteers frequentiert. Oft kamen sie in größeren Gruppen, hielten dort ihre Meetings ab, aßen und feierten. Sie feierten die Ankünfte der Neulinge, sie feierten die Abschiede. Einer unserer Ärzte lud zu seinem Abschied gleich an drei Abenden hintereinander ein, bevor er die Fähre nach Kavala bestieg.

Natürlich mussten die Freiwilligen nicht nur essen und einkaufen, sondern auch irgendwo wohnen, weshalb schon bald der Vermietungssektor boomte. Ganze Gebäude, vorher traditionell von Familien bewohnt, mutierten zu WG-geeigneten Wohneinheiten, viele Hausbesitzer hatten damit plötzlich eine ertragreiche Einkunftsquelle.

Selbst die dunkelsten, hellhörigsten, feuchtesten und schimmeligsten Kammern wurden von den Volunteers, die auf Lesbos ihre erste Unterkunft suchten, dankbar angenommen und bezahlt – häufig auch ziemlich teuer.

Diese Geschäftigkeit führte bisweilen zu heftigem Streit zwischen Griechen. Ein Beispiel ist das nördlich gelegene idyllische Fischerdorf Skala Sykamineas. Hier war seit Jahren die vom UNHCR errichtete *Stage 2* postiert, ein kleines Transit-Camp, wo sich Freiwillige um die Erstversorgung der ankommenden Flüchtlinge kümmerten – ein Ärgernis für viele Dorfbewohner. Allerdings waren auch viele aufgebracht, als die Helfer im März 2020 verschwanden, nachdem die griechische Regierung die Station geschlossen hatte. Es war verzwickt – weder konnte man mit den NGOs noch ohne sie. Viele Griechen waren in diesen Monaten von einer verzweifelten und gleichzeitig diffusen Wut erfüllt.

Gegen Ende des Winters verschärfte sich der Ton und die Aggressionen gegen Angehörige der NGOs nahmen zu. Volunteers wurden auf der Straße angegriffen, ihre Autos mit Steinen beworfen. Und schließlich kam es zu Brandstiftungen: Anfang März wurde im Transitlager *Stage 2* Feuer gelegt und am 7. März 2020 brannte die *School of Peace* vollständig nieder. Auch unser Gemeinschaftszentrum *One Happy Family* wurde dabei zerstört.

Meer

»Das Mittelmeer ist die Geburtsstätte Europas und mittlerweile Schauplatz seines größten Versagens.«
Wolfgang Bauer

Während ich hier schreibe, im Winter in Deutschland, rieche ich das Meer. Und ich frage mich, ob wir, die wir zum Helfen nach Lesbos gefahren sind, nicht insgeheim auch wegen des Mittelmeers gekommen waren, diesem ewigen Sehnsuchtsort.

Da lag es nun vor uns: Wenn man oben in den Olivenhainen von Moria stand, konnte man es weit unten sehen, das Ägäische Meer: azurblau-grün schimmernd in der Vorfrühlingssonne, schwarzgrau in den Wintertagen. Unentwegt in Verwandlung folgte es den Winden und dem Mond und zeigte sich in seiner ganzen lebendigen Schönheit.

Und gleichzeitig waren wir uns in jedem Moment bewusst, dass dieses Meer Schauplatz all der Tragödien war, die hier seit Jahren stattfanden. Das Überqueren eben dieses Meeres, an der Ost- und Nordküste von Lesbos, wo die Türkei zum Greifen nahe scheint, war für fast alle Migranten eine traumatische Erfahrung. Dabei gibt es sogar Fährverbindungen von Lesbos zur türkischen Stadt Ayvalık, sowie von vielen nahe der türkischen Westküste gelegenen griechischen Inseln hinüber auf das türkische Festland. Griechen, die Verwandte auf der anderen Seite haben, nutzen sie, und es gibt regen wirtschaftlichen Verkehr. Manche der jungen Helfer auf Lesbos weigerten sich, mit dieser Fähre nach Ayvalık zu fahren, auf die gegenüberliegende Seite in das Land Erdoğans. Für viele Griechen und Türken aber ist dies, gerade in diesen politisch aufgeladenen Zeiten, eine Möglichkeit zur Aufrechterhaltung von verwandtschaftlichen und wirtschaftlichen Kontakten.

Die ersten Bilder, die uns 2015 in Westeuropa erreichten, zeigten Menschen im Wasser, die um ihr Leben zitterten – und viele starben tatsächlich bei diesen Manövern. Wir erinnern uns an die Schlauchboote, an die orangenen Westen, die nicht wirklich trugen, an die Wellen, die die Boote umschleuderten und Menschen ertrinken ließen. Und bis heute vergeht kaum ein Tag, an dem nicht irgendwo an Lesbos' versteckten Buchten Schiffe landen. Keine Fähren, sondern kleine Seelenverkäufer voller Menschen auf der Suche nach dem Gelobten Land. Im Jahre 2019 waren es mehr als neuntausend Menschen, die auf diese Weise strandeten, im darauffolgenden Jahr, bedingt durch Corona und massiv verstärkte Frontex-Kontrollen in der Ägäis, waren es immer noch über fünftausend. Die Zahl derer, die auf dem Meer durch Pushbacks zurückgetrieben wurden, lässt sich schwer ausmachen, ebenso die Zahl derer, die im Meer ertranken.

Und selbst während ich in diesen Tagen schreibe, wo das Mittelmeer weit weg und ruhig erscheint, hören die Schreckensbotschaften nicht auf: Am 8. November 2020 ertrank der sechsjährige Yahye aus Afghanistan an der Küste der Insel Samos vor den Augen seines Vaters. Auch von Samos fährt eine Fähre hinüber in die Türkei.

Das Mittelmeer ist ein Meer der Widersprüche. Es vereint und spaltet zugleich. Als vielen Anrainerländern gemeinsames Meer – die Römer nannten es stolz *mare nostrum* – beherbergten seine Küsten in der Vergangenheit großzügig Menschen unterschiedlichster Kulturen, Nationen und Religionen. Händler, Pilger, Künstler und zunehmend auch Touristen schufen lebhafte kosmopolitische Zentren. In der ägyptischen Stadt Alexandria beispielsweise lebten im Jahre 1929 Zehntausende Griechen, Italiener, Juden, Malteser und Menschen anderer Herkunftsländer in Prosperität und Harmonie zusammen. Die Städte Smyrna, Algier, Beirut, Marseille waren ähnlich bunt gemischt und profitierten von eben diesem Zusammenspiel der Ethnien.

Doch natürlich ist das Mittelmeer nicht nur ein Ort des Miteinanders. Die wohlhabende, wirtschaftlich entwickelte nördliche Küstenregion entfernt sich zunehmend von den verarmten südlichen. Der Bruch wächst und wächst, und dazwischen schiebt sich mit gleichbleibender Wucht der große Zug der Migranten, die von der einen Welt in die andere drängen. Wie die Strömungen des Meeres wechseln auch die Menschenströme auf ihren verrotteten Booten. Mal landen sie hier (Malta, Lampedusa), mal dort (Samos, Lesbos, Kos) – je nach politischer Wetterlage.

Aber das Meer ist gleichmütig. Sein bittersalziges Wasser hört vielleicht die Schreie der Schiffsbrüchigen, ja vielleicht versteht es ja sogar deren Botschaften: »Wasser absorbiert gesprochene oder schriftliche Gebete«, sagt die Anthropologin Suzanne Hanchett. Aber es hat in seiner langen Meeresgeschichte schon zu viele Dramen erlebt, als dass es zu erschüttern wäre.

Oder vielleicht doch nicht? Das Mittelmeer des 21. Jahrhunderts »ist gebrochen und bedarf dringend der Reparatur«, warnt der englische Historiker David Abulafia. Könnte es sein, dass es doch eines Tages gegen all die Verwundungen der Vergangenheit aufbegehrt?

Busfahrer

»Wir stiegen in den Bus und fuhren nach Moria.
Der Bus war alt und kaputt. Die Türen schließen nicht richtig,
die Sitze sind wackelig, aber das macht nichts.
Vorne beim Busfahrer hängt ein Kreuz oder eine Jesus-Puppe,
durch den ganzen Bus hört man Musik,
alle reden laut durcheinander.«
Celia

Das Thema Busfahrer mag vielleicht überraschen, es erklärt sich aber rasch durch einen Blick auf die geographischen Gegebenheiten.

Auf der halben Strecke jener zwölf Kilometer zwischen Lager und Mytilini lag nicht nur Lidl, Versorgungsort und Lieblingsziel vieler Flüchtlinge, sondern auch das unter griechischem und UN-Schutz stehende kleine Lager *Kara Tepe* für besonders schutzbedürftige Flüchtlinge und schließlich auf der Anhöhe meine Organisation *One Happy Family*. Zwischen diesen Orten gab es ein reges Hin und Her, einen weit bis in die Abendstunden reichenden Passantenstrom. Dort wanderten die Flüchtlinge allein oder in Gruppen herum, im Winter meist auf der Suche nach Holz, Plastik oder anderem Material für ihre Zelte. Wer irgendwie zu Fuß gehen konnte, tat dies bewusst. Immer wieder erzählten mir die Herumwandernden, dass dies ihr Sport sei, um sich gesund zu halten. Tatsächlich waren sie bei jedem Wetter unterwegs, bei Kälte, Regen und schneidendem Wind.

Doch es fuhren auch Busse, überraschenderweise in zwei unterschiedlichen Klassen: In den gepflegten und mit Stoffsitzen ausgestatteten kostete die Fahrt 1,60 Euro. Nur einen Euro hingegen kosteten die gammeligen Gefährte, die mit den rostigen, harten Bänken – und natürlich waren diese immer rappelvoll. Zweifellos voller, als die Polizei erlaubte, aber die hatte andere Sorgen. Man kann sich vorstellen, wie überquellend die halbstündlich verkehrenden Busse waren – selbst wenn nur ein Bruchteil der zwanzigtausend Menschen aus dem Lager Moria unterwegs war.

Ich mag Busse. Ich habe sie immer gemocht, schon als Kind. Und so bin ich in diesem Winter oft auf der Insel Lesbos Bus gefahren. Und hatte dabei viele Gelegenheiten, nicht nur meine Mitfahrenden zu beobachten, sondern auch die Busfahrer. Hier fand ich die ganze Palette menschlicher Verhaltensweisen versammelt: von größter Menschenfreundlichkeit über entspannte Duldsamkeit bis hin zu wahrer Bosheit. Und jeder Busfahrer, jeder auf seine Art, lebte, ja blühte auf in seiner Rolle. Das Lenken des Busses wurde zum Ausdruck seiner Persönlichkeit.

Nicht zu vergessen: Die Busfahrer sitzen am Machthebel. Ohne sie läuft nichts. Ohne sie verpasst man Fähre, Flugzeug oder den Gerichtstermin. Und die Busfahrer wissen das.

Sie sind selbstbewusste Männer (bisweilen auch Frauen – in Mytilini immerhin eine). Wie sehr das ins Herrische kippen kann, habe ich mehr als einmal erlebt. Busfahrer, die ihre Fahrgäste anbrüllten, sie im Regen stehen ließen oder ganze Familien trennten, wenn der Bus schließlich doch zu voll wurde. Die Hälfte der Familie musste dann draußen stehen bleiben und auf den nächsten Bus warten. Einmal ließ der Fahrer abrupt die Tür zuschlagen und rief den Zurückbleibenden zu: »Tomorrow!« Auch erlebte ich, wie der Busfahrer an einer Haltestelle mit wartenden Passanten vorbeibrauste, obwohl der Bus keineswegs voll war. Auch da wieder: »Tomorrow!« – was immer er damit meinte.

Ein anderes Mal fuhr ich mit einem Busfahrer, der die Hälfte der Fahrt freundlich war, dessen Stimmung aber plötzlich scharf ins Gereizte wechselte, als eine Familie nicht nur einen Buggy mit einem Säugling, sondern noch einen zweiten, mit Brennholz vollbeladenen Kinderwagen in den Bus hieven wollte. Der Busfahrer sprang heraus, befahl dem Familienvater, den Holzwagen wieder auszuladen, und ließ einen etwa zehnjährigen Jungen damit allein zurück. Sicher lief dieser den etwa einstündigen Weg zurück zum Lager zu Fuß.

Zum Glück waren die Busfahrer mit guter Laune eindeutig in der Mehrzahl. Welches Vergnügen war es mir immer wieder, diese vor Lebenslust, Humor und Menschenfreundlichkeit strahlenden Gesichter anzusehen und ihre Stimmen zu hören: »Ela, ela!«, »komm, komm!«, riefen sie den Flüchtlingen zu, viele von ihnen brauchten nicht einmal zu bezahlen, in dem Menschengewühl war alles egal. Im Radio dröhnte griechische Musik, manchmal glaubte man auf dem Weg in die Ferien zu sein. Und es war zu spüren, wie sich diese Stimmung auf die Flüchtlinge übertrug.

Und ich erinnere noch eine kleine Busfahrerszene, die im März 2020 stattfand, kurz nachdem das Zentrum unserer NGO *One Happy Family* abgebrannt war und kurz bevor wegen der Coronakrise alle Busse stoppen mussten. In einem Blumenladen in Mytilini hatte ich ein blühendes Mandelbäumchen entdeckt. Dabei kam mir Giorgos Seferis' *Ligo akoma* in den Sinn, eines seiner schönsten Gedichte.

»Nur ein Weniges noch,
und wir werden die Mandeln blühen sehen,
den Marmor in der Sonne leuchten
und das Meer sich wiegen
nur ein Weniges noch,
um ein Weniges laßt uns höher hinauf.«

Ich kaufte das Bäumchen, um es auf dem Gelände des abgebrannten OHF-Zentrums zu pflanzen. Ohne darüber nachzudenken, wie ich den Baum von der Stadt auf das Land schaffen könnte. Tatsächlich konnte mir zunächst niemand helfen. Also schleppte ich das Mandelbäumchen zur nächsten Bushaltestelle und wartete dort. Jemand half mir, es in den Bus zu hieven, und der Busfahrer ordnete an, dass es direkt neben der Tür stehenbleiben sollte. Während der Fahrt zog er plötzlich sein Smartphone heraus, um ein Foto vom

Bäumchen zu machen, wahrscheinlich fährt er nicht oft Bäume spazieren, und man spürte sein Vergnügen. Am Ende, als ich mit meinem Baum ausstieg, diesmal half mir ein Junge aus Moria, winkte der Busfahrer uns lächelnd nach.

Exkremente

»Aber das Schlimmste, das Widerlichste,
das sind die Latrinen.«
Bernard-Henri Lévy

In meiner Zeit auf Lesbos hatte ich gelernt, mit einigem zu rechnen. So eine Szene wie an diesem Sonntagmorgen hatte ich allerdings noch nie erlebt. Ich traf mit dem Bus am Haupteingang von Moria ein, wollte aussteigen – und fand mich inmitten einer Flut von Fäkalien.

Der Vorplatz, die gesamte Straße am Haupteingang des Lagers, war eine einzige schwimmende Lache, Ausscheidungen in allen Braunschattierungen schwemmten, sickerten, brodelten und stanken vor sich hin. Ich musste raus aus dem Bus, ich hüpfte zwischen den Kothaufen wie auf Stelzen. Nur nicht ausrutschen! Nur das nicht!

Die Menschen am Rande der Straße staksten ebenfalls, bemüht, nicht in die Jauche zu fallen. Die Kinder waren sorgloser, manche lachten. Ihre Füße in den Flipflops waren sowieso schon einiges gewohnt.

Kein Polizist oder Verantwortlicher war an diesem Morgen in Sicht. Die Erfahrung, dass die Lagerverantwortlichen sonntags eher nachlässig waren, hatte ich schon öfters gemacht. Aber ich konnte nicht verstehen, weshalb es unter den Anwesenden keinen Aufruhr gab, dass niemand irgendetwas tat.

Eigentlich wollte ich am Tag darauf noch einmal nach Moria fahren und mich vergewissern, ob das Problem angegangen und gelöst sei – ich tat es nicht. Freunde sagten mir, dass die Schweinerei schon am Freitag passiert und dass es nicht das erste Mal gewesen sei – die Rohre waren permanent verstopft. Und es kümmerte sich keiner darum.

Mir kam die seltsame Vorstellung, dass die Kanalisation von Moria genauso dysfunktional wie alles andere hier auch sei. Als ob die Toilettenrohre lebendig seien und verzweifelt reagierten. Dass sie explodierten, sich verweigerten, durchdrehten – wie beim menschlichen Durchfall. Das Hygienesystem in Moria war durch und durch lädiert und ständig am Rande des Kollaps. Offiziell war die griechische Regierung für dieses System verantwortlich, aber diese delegierte die täglich anfallenden Arbeiten gern an NGOs, wie etwa *Watershed*, eine deutsch-griechische Kooperation. Auch deren Leute, Experten in allen Formen der Wasser- und Abwasserversorgung im Lager, waren hier überfordert.

Kein Wunder: Im Winter 2019/20 teilten sich in Moria bis zu zweihundert Menschen eine Toilette. Rund 130 Menschen benutzten dieselbe Dusche, wobei diese nur selten Wasser spendete und ekelerregend schmutzig war. Oft waren die Toiletten weit entfernt vom eigenen Wohncontainer oder Zelt. Nachts war der Weg dorthin qualvoll, besonders für Kinder und ältere Menschen, und noch mehr für Durchfallkranke, von denen es etliche im Lager gab.

Wir können uns nur schwer vorstellen, wie peinigend die hygienischen Bedingungen für die Menschen waren. Oder vielleicht doch? War es nicht Klopapier, um das die Deutschen bei Ausbruch der Coronakrise am allermeisten bangten? Jedenfalls dachte ich an diesem Sonntagmorgen in Moria, wie so oft: Was für eine Scheiße!

Zum Beispiel Afghanistan

»Wie viel Kraft hat man, um das alles zu überstehen?«
Frau aus Afghanistan

Alle Migranten, die auf Lesbos landeten, hatten einen sehr weiten Weg hinter sich. Wenn ich mit ihnen ins Gespräch kam und die Namen von Städten und Flüssen fielen, erschrak ich oft und wurde mir bewusst, wie wenig ich über diese Orte wusste, über ihre Geschichte und ihre Kultur. Oft schien es mir, dass ich und auch andere Freiwillige in unserem Wissen – oder genauer: unserem Unwissen – über andere Kulturen den Migranten keineswegs nachstanden.

Die meisten Flüchtlinge, rund siebzig Prozent, stammten aus Afghanistan. Ein Land, zu dem einem nicht viel mehr einfällt als Krieg, Zerstörung und die Taliban. Und auch wenn diese Wahrnehmung einseitig erscheint, so entspricht sie doch der Realität.

Kein Wunder also, dass so viele Afghanen zur Flucht aufbrechen. Allein im Februar 2020 waren es 2,5 Millionen Menschen, die ein Land mit knapp 35 Millionen Einwohnern (Stand Juli 2018) verließen. Nur ein Teil von ihnen schaffte es tatsächlich in den Westen, meist in die Türkei und dann nach langem Warten weiter nach Lesbos, Chios oder Kos in der Ägäis. Viel wahrscheinlicher ist dagegen, dass sie nach vielen Zwischenstopps in irgendwelchen unwirtlichen Winkeln dieser Welt landen. Es geht von einem Lager zum anderen, manchmal führt der Weg vorwärts, dann wieder zurück, und alles geschieht nach Gesetzen, welche die Migranten weder kennen noch wirklich beeinflussen können. Manche versuchen die Überfahrt nach Europa neunmal oder sogar noch häufiger.

Wenn man die Menschen von ihrer Flucht aus Afghanistan erzählen hört, scheint es fast, als schiebe sie eine imaginäre höhere Macht von A nach B. Es ist kein selbstbestimmter Weg, stattdessen fühlen sie sich geschupst, dann wieder festgehalten und eingeschlossen, schließlich wieder geschoben. Auch in Moria selbst wurden sie im Wechsel festgehalten, gestoßen, eingeschlossen – und alles wieder mit ungewissem Ausgang.

Aber warum treibt es überhaupt so viele Afghanen aus ihrem Land? Was sind das für politische und soziale Konflikte, die ein Land über Jahrzehnte deformieren und dessen Bewohner in Angst und Schrecken versetzen?

Ein Grund ist die innere Zerrissenheit des Landes. Da ist auf der einen Seite die Landbevölkerung. Sie ist geographisch zersplittert und in verschiedene rivalisierende Ethnien unterteilt. Die Gemeinsamkeiten liegen in der sozialen und ökonomischen Rückständigkeit, im hohen Grad des Analphabetismus und vor allem in der islamischen Religion.

Auf der anderen Seite existieren einige wenige Großstädte mit ansatzweise moderner Infrastruktur, mit Bildungs- und Gesundheitseinrichtungen. Dies schlägt sich deutlich in der

Alphabetisierungsrate und der reduzierten Mütter- und Kindersterblichkeit nieder. Hier orientiert man sich weniger an der Religion, sondern an verschiedenen Modernisierungskonzepten, die zum Teil noch auf die Phase der sowjetischen Intervention Ende der siebziger Jahre des vorigen Jahrhunderts verweisen und die ihrerseits dem Land Leid und Gewalt gebracht hatten. Jedenfalls könnte der Gegensatz zwischen einer Stadt wie Kabul und einer unzugänglichen, spärlich besiedelten Region wie Badakhshan kaum krasser sein.

Hinzu kommt die seit Jahren verfestigte Abhängigkeit von ausländischen Großmächten. Seit dem 19. Jahrhundert hat sich die politische Führung Afghanistans immer Absicherung bei wechselnden internationalen Partnern gesucht. Mal waren es die Sowjetunion, mal die USA. Auch China, Pakistan und Indien versuchen aktiv auf die Politik einzuwirken, da Afghanistan ein wichtiges Transitland für den Handel ist.

Diese Einflussnahme spielt sich über den Köpfen der Bevölkerung ab, so dass viele Afghanen sich als Opfer und als Spielball dieser Mächte fühlen. Dies wiederum führt zu einem fortwährenden Widerstand, der besonders durch extremistische religiöse Gruppen wie die Taliban getragen wird.

Zahlreiche Menschen wurden in diesen jahrzehntelangen Strudel von Gewalt und Gegengewalt hineingerissen. Allenthalben waren Afghanen Bedrohungen ausgesetzt. Manche mussten die Ermordung naher Verwandter miterleben, andere die Entführung der eigenen Kinder. Viele verloren Haus und Arbeit, Eltern konnten ihre Kinder nicht mehr ernähren, Kinder wurden aus den Schulen vertrieben, vor allem Mädchen.

Es ist ein Leben im Leid, das die meisten Afghanen fristen. Und so überrascht es nicht, dass die Träume und Fantasien in Richtung Europa gehen, zum vermeintlich rettenden Ufer auf der anderen Seite. Die Bilder sind ja da – über ihre Smartphones saugen die Menschen ungefiltert Infos über vielversprechende Länder auf. Zum Beispiel über Deutschland.

Tatsächlich war Deutschland, von Unterbrechungen abgesehen, schon über die letzten hundert Jahre ein verlässlicher Partner Afghanistans. Deutschland hatte über lange Zeiträume Entwicklungshilfe geleistet, es gab eine deutsche Schule, die vorzugsweise von den Kindern der afghanischen Elite besucht wurde, hinzu kam ein reger wissenschaftlicher Austausch mit Universitäten. Kurz: Deutschland war (und ist) das verheißene Land der meisten afghanischen Migranten. Umgekehrt ist Afghanistan für viele Deutsche ein unverstandenes Land. Weit weg und wenig attraktiv. Weit, sehr weit weg sind die sechziger und frühen siebziger Jahre, in denen das Land für zivilisationsmüde junge Leute aus Europa ein Sehnsuchtsort war, wo man, am Ende von abenteuerlichen Lastwagenpisten, im Schatten von Orangenhainen Haschisch rauchen und Erholung fernab der europäischen Leistungsgesellschaft finden konnte. So zumindest klangen die Berichte, wenn sie wieder nach Hause kamen.

Es ist ein tragisches Gefälle zwischen Deutschland und Afghanistan – und so vielen anderen Krisenherden dieser Welt. Und auch die Perspektive auf den jeweils anderen ist in ihrer Ungleichheit tragisch.

Häkeln

»Gelb, gelb, gelb – schreit der Vogel des Südens.«
Yannis Ritsos

Bei aller Traurigkeit, die meinen langen Lesbos-Winter durchzog, gab es doch auch unzählige Lichtmomente: die Mahlzeiten, die spontanen Begegnungen und die wirklichen Freundschaften … und das Häkeln. Tatsächlich hat dieses fast aus der Mode gekommene Handwerk mich über all die Monate und darüber hinaus begleitet.

Es begann an meinem zweiten Arbeitstag bei *One Happy Family*, einem Dienstag. Etwas verloren stand ich inmitten von Hunderten Besuchern aus dem Lager Moria, die sich bei uns auf dem Gelände hin und her bewegten, sich Kaffee und Tee holten, von einer Aktivität in die andere wechselten oder sich einen Platz draußen suchten, wo sie sich auf Holzpaletten oder Kartonstücken niederließen.

Ich sah, wie viele Frauen stundenlang an den langen Tischen saßen, wie angenagelt und völlig in sich versunken, apathisch und gelangweilt. Manche legten die Ellenbogen auf den Tisch und versuchten, bei uns den Schlaf nachzuholen, den sie nachts im Lager nicht bekommen hatten. Andere verkrochen sich in ihre Smartphones oder telefonierten unaufhörlich. Gleichzeitig sprangen unzählige Kinder ohne Kopfbedeckung herum, die sie gegen die Mittagssonne und die scharfen Winde, die jetzt im Oktober schon aufkamen, hätte schützen können.

Noch am selben Abend war die Idee geboren: Ich wollte die Frauen locken. Ich wollte sie anregen, die Hände zu bewegen und dabei etwas Sinnvolles und gleichzeitig Schönes zu fabrizieren. Am nächsten Morgen kaufte ich die ersten drei, am übernächsten zehn Häkelnadeln, und nach einer Woche waren alle Häkelnadeln von Mytilini ausverkauft. Schnell bestellten wir Nachschub aus Athen.

Häkeln ist wie ein Virus – allerdings ein freundliches. Immer mehr Frauen und Mädchen, bisweilen auch Jungen, schlossen sich uns an. Manche waren schon selbst Meisterinnen, andere lernten bei uns die ersten Maschen. Als Abmachung galt, dass unsere Besucherinnen die Wolle geschenkt erhielten, die Häkelnadeln aber wurden ausgeliehen für die Dauer des Vormittags und nach der Arbeit zurückgegeben. Was meistens, aber nicht immer glatt verlief.

Anfangs fertigten nur die wenigsten Frauen Kindermützen, dies folgte erst später mit einsetzender Kälte. Die meisten begannen mit Waschlappen. Nie im Leben hatte ich mir vorgestellt, Waschlappen zu häkeln, aber diese waren im Lager Moria notwendig, beziehungsweise fast ein Luxus, und so entstanden Dutzende, am Ende Hunderte von Waschlappen in verschiedenen Größen, Farben und Mustern.

Unsere Lust am Häkeln galt nicht nur den Endprodukten, sondern vor allem dem gemeinsamen Tätigsein. Unentwegt schauten wir nicht nur auf die eigenen Finger, sondern gleichzeitig auf die der Nachbarinnen und des Gegenübers. Da wir im OHF keine Fotos mit erkennbaren Gesichtern machen durften, lichtete ich die fertigen Kreationen meist mit der Hand ihrer Erschafferin ab - auch dies für die meisten eine freudige kleine Aktion, die gemeinsam und ohne Sprache kommunizierbar war. Man verstand einander, man begleitete die anderen in ihrem Arbeitsprozess, man registrierte ihr Kommen und Gehen. Schon bald war ein soziales, verlässliches Gefüge entstanden, mit festen Zeiten, einem festen Ort und klaren Abmachungen. Ein heilsamer Kontrast zu der instabilen und unwirtlichen Lebensrealität in Moria.

Viele Mädchen und Frauen lernten das Häkeln bei uns, manche brachten es regelrecht zur Kunstfertigkeit. Einige nahmen ihr Häkelzeug mit in die Essensschlange, manche in die Warteschlange der Klinik, für manche wirkte es wohl auch als Antidepressivum.

Tatsächlich beruhigt das Handarbeiten. All die sorgenvollen, chaotisch im Kopf umherirrenden Gedanken fließen in die Bewegung der Hände - und werden gleichsam befriedet. Für die Frauen in unseren Häkelstunden ging es aber auch um Schönheit. Sie liebten die verschiedenen Farben, vor allem vom strahlenden Gelb konnten sie nicht genug bekommen. Die gelben Wollknäuel, die wir damals verteilten, gingen weit in die Hunderte.

Zwischendurch gab es auch Unwillige. Das waren meist junge Mädchen, die mir signalisierten, dass sie damit nichts zu tun haben wollten, oft sprachen sie Englisch: »We hate chrochet.« Vielleicht waren sie zu Hause von ihren Müttern und Großmüttern auf Handarbeiten reduziert worden und wollten nicht dahin zurückfallen. Das verstand ich. Trotzdem versuchte ich ihnen deutlich zu machen, dass die konzentrierte Arbeit mit den Händen, dass die Brauchbarkeit der gefertigten Objekte durchaus ein Zeichen von »Intelligenz« ihrer Schöpfer sein kann. Und auch sie begannen zu häkeln.

Einmal fiel mir das alte Volkslied von den Leinewebern ein: »Ei, wie so töricht ist's, wenn man's betrachtet, wer einem Leineweber seine Arbeit verachtet...« Anscheinend gab es schon immer eine gewisse Arroganz gegenüber der Handarbeit. Und vor meinem inneren Auge sah ich Frauen in Griechenland, die vor ihren Häusern sitzen und stricken, während die Männer über Monate aufs Meer fahren. Ich sah die Athos-Mönche vor mir, die ihre Wandgehänge sticken, und ich schweifte in Gedanken nach Frankreich zu den Stickern und Stickerinnen des berühmten Teppichs von Bayeux, die mit ihren Knüpfarbeiten Geschichte schrieben. Ich war mir sicher, wir waren in guter Gesellschaft.

Ich liebte meine Arbeit als Häkellehrerin. Über Stunden hinweg saß ich meistens still, aber gerade dies gab mir Gelegenheit, die Situation an den Tischen gut zu überschauen und vor allem rundum zu beobachten und notfalls, wenn es zu Konflikten kam, einzugreifen. Auf den Arbeitstischen lagen Babys, manche Mütter hatten während der Arbeit ihre Säuglinge an der Brust, unter den Tischen krabbelten Kleinkinder, und auf der anderen Seite des Saals konnte ich sehen, wie die (Ehe-)Männer ihre eigenen Frauen manchmal streng, manchmal stolz beobachteten. Und bisweilen hatte ich den Eindruck, sie wären auch selbst gern dabei.

Am Ende des Winters waren alle mit dem Häkeln angesteckt, auch unsere Freiwilligen, vor allem aber die Mitarbeiterinnen vom Sicherheitsdienst. Überall standen sie in ihren gelben Westen an ihren Wachposten, versunken in ihre Häkelei – bis die Leitung schließlich eingriff und das Häkeln im Dienst untersagte. »Männer verstehen einfach nicht, dass wir zum Multitasking geboren sind und beides gleichzeitig können«, argumentierte eine junge Frau aus dem Irak. Aber die Ansage war klar: Das Häkeln im Dienst blieb verboten.

Aus Deutschland und der Schweiz erreichten uns bald üppige Wollpakete. Mehrmals fuhren wir mit der Fähre in die Türkei, um für Nachschub an Wolle und Häkelnadeln zu sorgen. Inzwischen kannten wir alle Woll-Läden von Ayvalık.

Ich erinnere mich, wie wir Anfang März an einem sonnigen Freitagnachmittag draußen auf dem Hof riesige Berge von Wolle sortierten. Am nächsten Tag war alles abgebrannt.

Husten

»›Du mußt bedenken,‹ sagte Hans Castorp,
›daß ich dergleichen nie gehört habe.
Es gibt so vielerlei Husten, trockenen und losen,
und der lose ist eher noch vorteilhafter, wie man
allgemein sagt, und besser, als wenn man so bellt …‹
›Na,‹ sagte Joachim, ›ich höre es ja jeden Tag,
du brauchst es mir nicht zu beschreiben.‹«
Thomas Mann

Husten, das war für mich immer eine Begleiterscheinung von Erkältung gewesen. Nichts worüber ich mir Gedanken machte. Bis zu meiner Zeit mit den Flüchtlingen auf Lesbos, wo der Husten zunächst zum Dauersound wurde und schließlich zum unheimlichen Alarmsignal der Pandemie.

Das gemeinsame Band, das uns in diesem Winter auf Lesbos zusammenhielt, war der Dauerhusten. Das Keuchen, das Schnaufen, das Schniefen, das Bellen und Rotzen. Alle husteten: unser gesamtes Team, Ärzte und Krankenschwestern, Busfahrer und Polizisten, und die Flüchtlinge sowieso und vor allem. Eiskalte windige Morgenstunden wurden von bisweilen heißer Nachmittagssonne gefolgt, überall in *One Happy*

Family zog es, weil alle Türen offen standen. Kein Wunder, dass alle erkältet waren.

An meinem Arbeitsplatz, an dem ich die meiste Zeit häkelnd verbrachte, saßen Frauen, Mädchen und Kleinkinder aus Moria dicht an dicht gedrängt. Es gab kaum einen Moment, in dem nicht gehustet wurde. Manchmal ertönte ein ganzer Chor von Hustenden, man kennt dieses Phänomen aus Konzertpausen: Jemand hüstelt, und viele andere stimmen unmittelbar lauthals hustend ein, als hätten ihre geschwächten Lungen nur auf das Zeichen gewartet.

Manche der häkelnden Frauen schoben ihr Kopftuch vor das Gesicht, die wenigsten hatten Taschentücher parat. Andere wieder prusteten in alle Richtungen. Manchmal übertönten die Hustengeräusche an unseren Arbeitstischen sogar die Gespräche der Frauen. Natürlich hatten die Menschen auch Schnupfen, vor allem die Kinder liefen unentwegt mit fließenden Nasen herum, aber der Husten prägte sich mir nachhaltig ein. Wegen der dauernden Geräuschkulisse – und weil ich selber ständig hustete.

Im Nachhinein, inmitten der Pandemie, rückt der Husten ganz neu ins Blickfeld und erhält eine negative Faszination. Das, was den ganzen Winter über so ungehemmt herausgeschleudert werden durfte (Schleim, Bakterien, Viren und alle Formen von Geräuschen), muss nun tunlichst vermieden, runtergehalten werden. Kein Husten mehr! Kein Räuspern mehr! Als Hustender wirst du zum potenziellen Todesboten.

Was sagt uns eigentlich Husten? Was sagt uns die lebensspendende Lunge, die auf Stress, auf Viren und Bakterien mit

Husten reagiert? Die Lunge als inneres Organ regelt den Luftaustausch, sie sorgt dafür, dass der Mensch die reine sauerstoffreiche Luft einatmen kann und dass die verbrauchte, toxische Luft ausgeschieden wird. Dieser alles Leben regulierende Luftaustausch geschieht zwar physiologisch unwillkürlich, wird aber davon mitbestimmt, wie es uns Menschen geht. Die Seele atmet mit. Und im Lager atmet der Mensch anders als im Freien. Die permanente Angst drückt beklemmend auf die Lunge, auf die Funktionen des Luftaustausches, sie stört das gesamte Atemsystem. Der Husten ist dabei nur ein Symptom unter vielen.

Alle husteten. Und es gab kein Heilmittel. Hermann, unser deutscher Arzt, war selber betroffen. Er sagte mit einem resignierten Lachen: »Wir haben alle den Moria-Husten.« Und tatsächlich – im Husten waren wir alle gleich.

Gier

»Manchmal muss man gierig sein.«
Celia

Meine griechische Freundin Maria, die im Dorf Moria wohnt und seit Jahren freiwillig im Lager aushilft, erzählte mir einmal folgende Szene: »Heute brachten wir wieder Kleider ins Camp. Unbegreiflich, wie die Leute immer drängeln! Aber da war einer, der drängelte noch mehr als alle anderen. Wir entdeckten, dass er schon Kleider bekommen hatte. Dabei hat man doch nur einmal pro Woche Anspruch, etwas zu holen. Wir sagten es ihm, aber er drängelte weiter. Plötzlich rief ein Mitarbeiter: ›Leute, lasst ihn! Gebt ihm noch eine Hose! Er hat schon zweimal versucht, sich das Leben zu nehmen.‹ Und dann gaben wir ihm eine Hose.«

Marias Geschichte sagt viel aus. Die Verzweiflung vieler Moria-Bewohner zeigte sich oft nicht laut, aber täglich in solchen Begebenheiten. Kleine Szenen, in denen man das Gefühl hatte, es ginge um Leben und Tod. Manchmal war es ein Wort oder ein Glas Wasser, und in diesem Fall eben eine Hose, nach der ein Mensch gierte, als ob seine Existenz davon abhinge. Wir wussten nicht, warum der Mann gerade diese

Hose so dringend brauchte. Vielleicht war seine zerlöchert. Vielleicht war sie ihm nachts gestohlen worden. Vielleicht war sie völlig verschmutzt.

Ja, die Bewohner von Moria waren gierig. Ihre Begierde richtete sich auf alles, ganz einfach deshalb, weil es an allem mangelte. Das Essen stand dabei an erster Stelle: Die Essensschlange in der NGO *One Happy Family* war endlos, der Hunger groß. Entsprechend heftig war die Enttäuschung, wenn man über eine Stunde in der Schlange gestanden hatte, während andere mit ihren vollen Tellern und einem Stückchen Brot davonspazierten – und plötzlich ging das Essen aus! Wenn die Reistöpfe und Gemüseschalen vorzeitig leer waren, verwandelte sich die Vorfreude der Wartenden in bittere Enttäuschung.

Ich habe mich immer gewundert, wie gut die meisten mit solchen Frustrationen umgingen. Eine Erklärung mag darin liegen, dass die Menschen in Moria diese Wechselbäder von Begierde und Frustration ständig erlebten. Sie waren eingeübt und ertrugen das Unvermeidbare mit bemerkenswerter Würde. Möglicherweise ertrugen sie es auch deshalb so geduldig, weil sie erkannten, wie sehr sich die Köche unserer NGO bemühten, Tag für Tag so viele Menschen wie möglich satt zu machen.

Wie Marias Geschichte zeigt, gierten viele Geflüchtete auch nach Kleidern. Zum einen natürlich, weil es im Winter unangenehm kalt und nass war. Die nassen Kleider trockneten kaum, also brauchte man Kleidungsstücke zum Wechseln.

Aber es gab noch einen tieferen Grund. Ich spreche hier von dem Selbstrespekt der Geflüchteten. Viele von ihnen versuchten ihre im Lagerleben lädierte Selbstachtung und Würde durch ordentliche und saubere Kleidung wiederherzustellen. Besonders galt das für die Frauen, ich konnte das den ganzen Winter über beobachten. Wie viel Zeit und Improvisationstalent erforderte es doch, sich im schmuddeligen Container oder im Zelt die Haare zu kämmen und zu pflegen, Tücher zu falten, Kleider und Jacken sauber zu halten und täglich neu zu organisieren. Ich stelle mir vor, dass diese Beschäftigungen Stunden gedauert haben mussten.

In allen bekannten Straflagern und Gefängnissen der Geschichte und Gegenwart wurden den Menschen als Erstes ihre Kleider genommen. In den Konzentrationslagern zusätzlich ihre Haare als Raub der eigenen Identität. All dies geschieht nicht im Lager Moria, aber der extreme Mangel an Kleidern kommt jener erbärmlichen Situation sehr nahe. Gier ist relativ. Hier, im Kontext des Lagers, kann sie durchaus auch als positives Zeichen von Überlebenswillen und der dazugehörigen Selbstachtung gesehen werden.

Und da ist schließlich die Gier nach Gegenständen des täglichen Gebrauchs. Wenn man, wie die meisten Geflüchteten, mit buchstäblich leeren Händen oder nur einer Plastiktüte hier auf Lesbos gelandet war, dann fehlte es an allem: Decken, Kissen, Zahnpasta, Waschlappen, Dosenöffnern, Plastikplanen. Die Liste ließe sich unendlich fortsetzen. Was liegt da näher, als nach jeder Gelegenheit zu greifen, diese Dinge irgendwie, irgendwoher zu organisieren – bei Lidl, in einem der vielen China-Shops in Mytilini, wo man extrem billig Kleidung, Schuhe und Gebrauchsgegenstände aller Art kaufen konnte, oder beim Durchstöbern der städtischen Müllcontainer in Mytilini – und manchmal auch auf krummen Wegen. Auch hier zeigt sich, dass der Drang, sich Dinge zu beschaffen, Ausdruck von Überlebenswillen ist und eine Strategie, sich unter extrem schwierigen Verhältnissen zu behaupten. Wer in Müllcontainern nach Brauchbarem sucht, wird eher nicht zu Depression und Selbstmord neigen – er ist beschäftigt und voller Hoffnung, am Abend irgendetwas Brauchbares nach Hause beziehungsweise ins Zelt zu schleppen. Wer kilometerlang schwere Ladungen von Pappkartons hinter sich her schleift, muss nachts weniger frieren als andere.

Ich schlage deshalb vor, den Begriff *Gier* einmal neu zu denken. In seiner negativen Bedeutung können wir ihn weiter benutzen für all jene, die schon an allem genug haben. Die trotz allem Überfluss weitergieren nach mehr und mehr. Das Habenwollen und das Haben als Ich-Ersatz, als Aufblähung des Egos, wie es Erich Fromm in seinem Buch *Haben oder Sein* so eindrucksvoll beschreibt. Wo es aber um das nackte Überleben und um Menschenwürde geht, wo Menschen alles versuchen, um nicht barfuß, durchnässt, hungrig und in löchriger Kleidung zu bleiben, da wird die Gier zum gesunden, achtenswerten Lebenswillen.

Kafenion

»Es ist eine Art Gärung, die entsteht,
da für den Griechen jedes Ereignis, mag es auch
noch so banal sein, etwas Einzigartiges ist.«
Henry Miller

Im Herbst 2019 erzählte mir ein sympathischer zahnloser Mann eine Geschichte. Wir saßen in einem Café in Mytilini, wo ständig Klatsch und Tratsch ausgetauscht und viel über Politik diskutiert wurde. Das Lieblingsthema war damals – der Brexit.

Vermutlich wollte mich der Alte überzeugen, dass nicht nur der Brexit problematisch war, sondern auch die Engländer als solche. Ausschweifend erzählte er von einem britischen Paar, das auf Lesbos Land gekauft und sich hier niedergelassen hatte. Und die Geschichte ging so: Zum Einzug ihres frisch renovierten Hauses bekamen die beiden von den Nachbarn ein Esel-Junges geschenkt. Sie zogen es wie ein Kind groß. Als sie jedoch einmal für drei Wochen nach England reisen mussten, ließen sie das Eselkind allein im Olivenhain zurück.

Und als sie wiederkamen, war es weg. Sie suchten es wochenlang, aber es blieb einfach verschwunden. Schließlich, nachdem sie mit dem Jeep über die ganze Insel gefahren waren, entdeckten sie ihr Tier. Weit weg von ihrem Haus stand es, an einem Baum festgebunden. Der vermeintliche Besitzer, ein Grieche, blieb hart und rückte das Tier nicht heraus, was erst zu einem Streit und schließlich zum Prozess führte.

Der Richter konnte zunächst kein Urteil fällen. Aber wie Salomon (den Vergleich brachte mein Café-Gegenüber an) war er pfiffig, und so ordnete er zur Wahrheitsfindung eine Genanalyse an. Diese war in Griechenland zwar nicht möglich (»wir Griechen brauchen so etwas nicht«, sagte der alte Mann), aber man schickte die Probe in ein Labor in die Schweiz.

Der Mann redete noch lange weiter. Kurz: Die Geschichte ging für die Engländer gut aus. Nach zwei Wochen stand fest, dass das Esel-Junge tatsächlich englisches Eigentum war und bleiben sollte. Dies sei wohl, sagte der Alte lachend, die erste und bisher einzige Esel-Genanalyse auf Lesbos. Und zum Schluss warnte er noch eindringlich, dass es fortan schwieriger sein werde, die Tiere der Nachbarn zu entführen – es sei denn, man verspeist sie sofort. Damit spielte er auf die einzelnen Fälle an, bei denen Flüchtlinge aus Moria Schafe gestohlen und geschlachtet hatten. Seine Geschichte endete mit den Worten: »Wir haben Engländer – und wir haben Flüchtlinge – Gott behüte!«

Kinder

»Do ye hear the children weeping,
O my brothers ...«
Elizabeth Barrett Browning

Die Kinder von Moria. Immerzu muss ich an die rund siebentausend Mädchen und Jungen denken, die den Winter 2019/20 in Moria verbrachten. Jeder Versuch, die Lebenswirklichkeit dieser Kinder in Sprache zu bringen, scheitert unter meinen Händen. Und dennoch will ich ihn wagen.

Im Grunde sind alle Kinder auf der Erde gleich: Sie wollen essen und trinken, sie wollen spielen und sich bewegen, sie brauchen Liebe, Schutz und einen guten Schlaf. Andererseits sind die Kinder dieser Erde zutiefst ungleich, weil sie alle durch ihre jeweilige Umgebung geprägt werden. Und wenn das soziale Umfeld Krieg, Zerstörung, Flucht und Lagerexistenz bedeutet, dann trägt das Kind all das in sich.

Genau diesen Widerspruch erlebte ich immer wieder. Jedes einzelne Kind von Moria durchlebte diese Diskrepanz auf seine ganz eigene Weise. Dies mahnt uns zur Vorsicht vor Verallgemeinerungen, ohne die wir allerdings nicht ganz auskommen. Hier nur einige kleine Szenen:

Der Schutzwall

Aus meiner Tagebuchaufzeichnung vom 19. November 2019: »Ich fahre im Bus nach Mytilini. Mir gegenüber zwei Jungen von etwa sechs oder sieben Jahren. Während der zwanzig Minuten, die mir so lang erscheinen, als sei es eine Stunde, starren die Jungen mich ununterbrochen an – sie verziehen keine Miene. Keine Spur von Lächeln. Kein Augenzwinkern. Keine Vorstellung in mir, was da in ihnen rumort.«

Diese Jungen waren nicht die Einzigen. Immer wieder entdeckte ich Kindergesichter, die mir absolut verschlossen und undurchdringlich erschienen. Es war mir, als bauten die Kinder zwischen sich und ihrer Umgebung eine dicke unsichtbare Schutzmauer auf, die sie unantastbar für alles Böse, und vielleicht auch Gute, dieser Welt machte.

Die Unbeweglichkeit

Bei den Handarbeiten im Gemeinschaftszentrum von *One Happy Family* erlebte ich es oft, dass Mütter ihre Kleinkinder irgendwo absetzten, auf dem Tisch oder zu ihren Füßen oder neben sich. Sie setzten die Kinder ab, so wie man einen Wäschekorb abstellt. Völlig selbstverständlich und ohne jede Befürchtung, dass das Kind sich fortbewegen könnte. Und sie hatten recht. Die Kleinen rührten sich nicht. Wie gelähmt saßen sie, völlig unbeweglich und harrten so bisweilen stundenlang aus. Möglicherweise hatten sie dieses Verhalten schon während der Flucht gelernt – denn dort war es lebensnotwendig, sich für unbestimmte Zeit in eine Art Totstellreflex zu begeben. Still sein. Nicht rühren. Nichts merken und vor allem nicht auf sich aufmerksam machen.

One Happy Family war nicht der einzige Ort, wo ich dies Phänomen beobachtete. Oft sah ich diese erzwungene Immobilität in den Kliniken, sei es vor dem Gebäude von *Ärzte ohne Grenzen*, sei es in den städtischen Kliniken von Mytilini. Die Kinder, die mit ihren Eltern auf eine Behandlung warteten, verharrten an ihrer Stelle wie angenagelt, guckten nicht rechts oder links. Als wenn von allen Seiten Gefahr lauerte, meldeten sie sich nicht bei Hunger oder Durst oder wenn sie aufs Klo mussten. Um dann ganz plötzlich in die Hose zu machen.

Die Aggression

Mehrmals erlebte ich Situationen, in denen eine Mutter sich vollständig zurückzog, sich ganz der Melancholie hingab oder auf ihr Handy starrte und über viel zu lange Zeit unerreichbar war. Ganz plötzlich dann biss das Kind in den Arm der Mutter. Anscheinend war dies nicht ungewöhnlich. Die Mütter reagierten verhältnismäßig gelassen darauf, versetzten ihrem Kind aber meist einen Schlag. Beides, der bissige Angriff und der Schlag, schienen zusammenzugehören, eine Form der Kommunikation zwischen Mutter und Kind. Ein wohl oft zelebriertes »Spiel«.

Auch die Ärzte erzählten, dass manche Kinder während der Behandlungen unvermittelt auf ihre Mütter oder Väter einschlugen. Nicht auf das medizinische Personal, das ihnen vielleicht durch Spritzen Schmerz zufügen musste, sondern auf die Eltern, die diesen Schmerz nicht verhinderten. Auch Jugendliche schlugen in manchen Fällen auf ihre Eltern ein. Alle Frustration, alle Wut richtete sich gegen jene. Wie eine hilflose Anklage: »Ihr habt uns so viel versprochen – und nun seht, wie elend alles ist. Ihr habt uns irregeführt. Ihr habt uns verraten.«

Die virtuelle Welt

Nirgendwo sah ich so viele Kinder versunken, eingerollt und verschmolzen mit ihren Handys wie in und um Moria. Möglicherweise war dies überhaupt der einzige Weg für sie heraus aus der Lagerrealität – hinein in die wohlige Welt der bunten Bilder, der Ablenkungen, Versprechungen und sofortigen Befriedigungen. Für viele Kinder bedeutete diese Beschäftigung aber eher einen Rückfall: In virtuellen Kriegsspielen reinszenierten sie das, was sie in Wirklichkeit hinter sich gelassen hatten: Zerstörung, Trümmer und Krieg.

Die gestohlene Kindheit

Den Kindern von Moria wurde ein Stück ihrer Kindheit gestohlen. Denn nimmt man die psychologische Aussage ernst, dass sich jeder kindliche Entwicklungsschritt idealerweise innerhalb einer bestimmten Altersphase vollziehen sollte, wird das Fehlen kindgerechter Bedingungen im Lager noch deutlicher.

Es beginnt mit der ersten Phase des Lebens, in der der Säugling Vertrauen in die Welt erwerben soll. Der deutsch-amerikanische Kinderpsychologe Erik H. Erikson bezeichnete dies als Urvertrauen. Dieses keimende Vertrauen wird massiv gestört, wenn die Eltern selbst existenziell verunsichert sind. In einer Umgebung wie Moria saugen die Neugeborenen Misstrauen statt Urvertrauen auf.

Kleinkinder, die ihren Körper, den Raum und die Schwerkraft erfahren, brauchen einen sicheren Boden und schützende Grenzen. Beides fehlte in Moria, dort versuchten die Kleinen ihre ersten Schritte im Matsch, inmitten von Plastikmüll und Katzenkot, umgeben von Beton und Stacheldraht.

Soziale Kommunikation, vor allem soziale Regeln lernt das Kind durch klare Strukturen und beständige Wiederholungen. Hier in Moria, wo alle Strukturen brüchig waren und sich permanent veränderten, war kein Raum für ein friedliches Lernen sozialer Regeln – weder innerer noch äußerer Raum.

Kinder eignen sich die Welt im Spiel an, spielend lernen sie zu handeln. Auch hierfür gab es in Moria kaum Möglichkeiten, es fehlte an Spielzeug aller Art. Und das schulische Lernen blieb den meisten schulpflichtigen Kindern verwehrt. Zwar gab es einige wenige selbstverwaltete Schulen im Lager selbst sowie die (später in Brand gesetzte) *International School of Peace* auf dem Gelände von *One Happy Family*, aber an wirkliches Lernen war kaum zu denken. Der Schulbesuch war geprägt von ewigen Wartelisten und täglichen Unwägbarkeiten. Mal war der Lehrer krank, mal brannte es, mal hatten die Kinder Durchfall, mal war das Schulmaterial abhandengekommen.

Alle Möglichkeiten, Lesen, Schreiben und Rechnen zu lernen, sich zu entwickeln, seine Kenntnisse zu erweitern, das eigene Wissen zu erproben, waren verschlossen. Statt vorwärts entwickelten sich viele Kinder rückwärts, wie es ein zehnjähriger Junge aus dem Lager selbst ausdrückte.

Und wenn es nicht in die Regression ging, dann konnte es auch geschehen, dass die Kinder sich sprunghaft vorwärtsbewegten. Was ich in Moria erlebte, erinnerte mich an die Beschreibung der jüdischen Kinder, die nach der Reichspogromnacht im November 1938 mit den Kindertransporten nach England gebracht wurden. Eine Frau, die damals allein mit dem Sammeltransport losgeschickt worden war, sagte im Nachhinein, dass sie als Kind von Deutschland wegfuhr und als Erwachsene an der Liverpool Station in London ankam. Ähnlich muss es vielen Kindern in Moria ergangen sein, vor allem auch jenen, die ohne ihre Eltern hierher gekommen waren.

Diese kostbare Zeit, in der aus einem Kind ein Erwachsener wird, wird hier einfach übersprungen. Und deshalb wurde vielen Kindern von Moria nicht nur ein Stück Entwicklung, sondern auch ein Teil ihrer Biographie gestohlen.

Fluchtwege

»… denn Flucht erfolgt niemals nach Plan.«
Andreas Kossert

»Er wird nicht weinen, hat er sich geschworen.
Er will der Familie zeigen, dass er das Schicksal im Griff hat.
Es ist alles in Ordnung, sagt er immer wieder, es gibt einen Plan.«
Wolfgang Bauer

Auf einer meiner sonntäglichen Wanderungen im Winter begegnete ich an einer Straßenbiegung nördlich von Mytilini zwei jungen Männern. Sie trugen viel zu dünne Jacken, woran ich sie als Bewohner von Moria erkannte. Sie kamen auf mich zu, grüßten mich und fragten nach dem Weg nach Athen. Was die Richtung sei und wie weit der Weg, wollten sie von mir wissen. Es fiel mir schwer, ihnen die Wahrheit zu sagen, nämlich dass Athen 450 Kilometer entfernt lag und die Schifffahrt eine lange Nacht dauerte.

In Gesprächen mit Migranten fiel mir auf, wie schwer es vielen fiel, sich räumlich zu orientieren. Mit der Flucht, mit dem Verlust der den Alltag prägenden Strukturen war für viele auch die Orientierung im Raum verlorengegangen.

Kein Wunder, wenn man die langen, verworrenen, gefährlichen Fluchtrouten bedenkt, die diese Menschen hinter sich hatten. Kein Wunder, dass sie sich auf der Mittelmeerinsel wie ausgesetzt fühlten und völlig verloren.

Die meisten erzählten selbst auf Nachfrage wenig über ihre Flucht. Möglicherweise erinnerten sie sich ungern an die Strapazen und Qualen – zu Fuß, auf Lastern, in Bussen oder unsicheren Schiffen. Vielleicht half ihnen das Vergessen, das Ganze hinter sich zu lassen.

Hinzu kommt, dass viele Migranten ihren Fluchtweg beinahe als irreal empfanden. Sie wurden virtuell geleitet, das heißt, ihre Smartphones diktierten ihnen den Weg von einem Ort zum anderen, von einer Informationsquelle zur anderen, von einem Grenzposten zum anderen. Wenn das Gerät ausfiel, fühlten sie sich vollkommen desorientiert. So beklagte beispielsweise ein Syrer den Verlust seines Handys, er wisse nicht mehr, wo er sich mit seiner Familie befinde und wohin er gehe. Das Smartphone war für die Flüchtenden Kompass, Anker und Lotse zugleich.

In den seltensten Fällen waren die Fluchtwege geplant und linear. Die meisten Afghanen beispielsweise verließen ihr Land in Richtung Iran, in der Hoffnung, dort unter Glaubensgeschwistern eine Bleibe zu finden. Zeitweise gelang dies, legal und größtenteils illegal. Aber aufgrund extremer wirtschaftlicher Einbrüche begann der Iran irgendwann, Mauern an seiner Grenze zu errichten, um den Afghanen den Zugang zu verwehren. Wenn es den Afghanen gelang, den Iran zu durchqueren (viele Tausende blieben hier hängen), zogen sie weiter in die Türkei, durch gefährliche Bergregionen, in denen Jahr für Jahr Menschen starben.

So viele Afghanen stürzten oder erfroren in den Bergen, dass sich der kleine Friedhof in der nicht weit von der Grenze gelegenen türkischen Stadt Van mehr und mehr füllte. Und niemand kennt die Namen derer, die dort begraben liegen.

Das Gleiche auf Lesbos. Auch hier gibt es einen Friedhof für auf der Flucht gestorbene Migranten. Es ist ein Acker in der Nähe des Dorfes Kato Tritos, der als Friedhof dient, nachdem der örtliche Armenfriedhof überfüllt war. Auf den kleinen Schildern steht meist kein Name, nur das Todesdatum und das ungefähre Alter.

Wie überall entlang der Fluchtstrecken liegen diese Friedhöfe irgendwo versteckt. Sie sind wohl am wenigsten auffindbar für die Angehörigen der hier Verendeten, die nichts davon wissen und die wahrscheinlich nie aufhören werden, auf ein Lebenszeichen zu hoffen.

Die Flüchtlingsroute erfolgt niemals nach Plan. Ich traf viele Familien, die mit mehreren Mitgliedern aufgebrochen waren und unterwegs voneinander getrennt wurden. Sie schlugen unterschiedliche Routen ein, fielen verschiedenen Schleusern in die Hände und setzten auf diversen Booten über. So kam es, dass sich ganze Familien auf mehrere Länder verstreuten.

Ich kenne eine Familie, wo der afghanische Vater seit Jahren in Finnland gelebt hatte, bevor er seine Frau in Afghanistan abholte, um mit ihr erneut die Odyssee auf dem Landweg zu durchleben. Eine Odyssee, während der zwei Knaben geboren wurden. In diesem Winter lebten die vier in Moria.

Die vielen Babys, die auf der Flucht gezeugt und geboren wurden, erschienen mir immer wie ein Wunder. In Moria waren sie überall. Eine Kinderärztin fragte mich einmal besorgt, welche Kinder wohl bessere Lebenschancen hätten: Diejenigen, die vor ihrer Flucht schon ein Stück Kindheit erlebt hatten, mit eigenen vier Wänden, Verwandten und Schulunterricht, Kinder also, die ein Bewusstsein von einer gewissen Normalität hatten? Oder diejenigen, die als Kleinkinder schon auf der Flucht waren oder gar auf dem Fluchtweg selbst oder in einem Lager geboren waren, Kinder also, die nichts anderes kannten?

Ich habe lange gebrütet. Aber es gibt Fragen, auf die ich einfach keine Antwort finde.

Gang

»Ich verliere mich selbst.
Ich stehe in der Mitte von nichts.«
Zaza Burchuladze

Merkwürdigerweise war das Erste, was ich bei den Geflüchteten in Moria wahrnahm, ihr Gang. Vielleicht lag es an meiner Scheu, ihnen direkt ins Gesicht zu schauen, ich wollte sie nicht anstarren. Ihren Gang konnte ich auch so erfassen.

Wann immer ich unterwegs war in der Nähe des Lagers oder auf der Straße zwischen Mytilini und Moria, ich erkannte die Migranten an ihren langsam schleppenden Schritten. Vielleicht lag es daran, dass sie häufig Flipflops trugen, selbst mitten im Winter. Vielleicht lag es daran, dass die Seitenstreifen der Straßen rutschig und löchrig waren. Die meisten Flüchtlinge liefen, als seien sie gebrochen. Als manifestieren sich in ihrem Gang ihre verletzten Seelen. Der Wiener Psychoanalytiker Bruno Bettelheim, der selbst Häftling in den Lagern Buchenwald und Dachau gewesen war, schrieb über seine Mitgefangenen, »dass sie nicht gingen, sondern schlurften, als seien sie nicht willens oder fähig, die Füße vom festen Boden zu heben«.

Ich glaube, der Gang eines Menschen wird nur dann wirklich lebendig, dynamisch und energiegeladen, wenn er ein Ziel hat.

Umgekehrt, wo es kein Ziel gibt, sondern nur ein ohnmächtiges Hin und Her, verweigern sich die Füße. Sie bewegen sich nur schleppend vorwärts, zögerlich, wie frustriert.

Hinzu kamen die Lasten. Viele Frauen trugen ihre Babys und Kleinkinder auf dem einen, Wäschebeutel und Eingekauftes auf dem anderen Arm. Männer beförderten unentwegt Plastikplanen hin und her, dazu Holzstücke oder ganze Paletten, riesige Pappteile, die der Wärmedämmung dienten oder dem Heizen und Kochen. Die Geflüchteten waren also nicht nur im übertragenen Sinne belastet, sondern auch ganz konkret.

Natürlich war es nicht immer und überall so. Der Gang der Menschen schien auch vom Wetter abzuhängen, an wärmeren, sonnigen Tagen wirkten sie entspannter. Und in Mytilini, wenn sich die Bewohner von Moria in der Innenstadt unter die Einheimischen mischten, schien es, dass sie hier ihr Gehen dem der Griechen anpassten und etwas weniger bedrückt ihres Weges zogen.

Und schließlich gab es einen Ort, wo der Gang der Flüchtlinge blitzartig mutierte und locker und hüpfend, regelrecht optimistisch wurde: Das war der Moment, in dem sie über die Schwelle des Lidl traten. Im beheizten Discounter-Schlaraffenland wurden sie plötzlich leichtfüßig, da bewegten sie sich völlig beschwingt umher. Selbst wenn die Mehrzahl der Flüchtlinge nicht viel Geld hatte, konnten sie hier mit den

Augen und mit der Nase im Überfluss baden, in Kaffeesorten, in Bohnendosen, in Joghurtbechern, in Seifenschaum, in Früchten und duftenden Brötchen aus dem Backautomaten. Hier waren sie nicht außen vor, sondern mitten drin im Konsum-Wunderland, und vielleicht imaginierten manche schon ihr zukünftiges Lidl in Quakenbrück oder Liège oder Göteborg.

Beim Rausgehen aus Lidl änderte sich der Gang wieder schlagartig. Aus der Traum. Wie man aus einem Kino herausgeht, so taumelten sie von einer Realität in eine andere. Schlurfend näherten sie sich dem klapprigen Moria-Bus. Deprimiert trotteten sie zu ihren zugigen Zelten im Lager. Die Füße hatten Schürfungen und trugen keine Socken. Die Füße litten. Und die Menschen litten auch.

Ali Baba

»There are thieves everywhere here. Like cats.«
Elia Kazan

Ein Name brachte uns in unserer NGO *One Happy Family* immer wieder zum Lachen: *Ali Baba*. Das war das Codewort für *klauen, geklaut,* oder *Vorsicht, gleich wird dir etwas geklaut*. Ein Name aus *Tausendundeiner Nacht* mit sehr realen Auswirkungen.

Tatsächlich wurde in unserer NGO ständig gestohlen oder auch mitgenommen – je nachdem, aus welcher moralischen Perspektive man es betrachtet. Nichts half dagegen. In der Klinik verschwanden Verbandsstoffe, Medikamente und ganze Pakete medizinischer Ausrüstung. Die Mitarbeiter unseres Computer-Raums waren verärgert, wenn wichtige Ausrüstungsgegenstände wie Kabel, Schalter oder Batterien verschwanden – und zwar trotz sorgfältiger Aufsicht. Und alle waren verblüfft, als wir eines Morgens entdeckten, dass in unserem Barber-Shop die komplette Ausrüstung fortgeschleppt worden war, von den Scheren über Haarschneidemaschinen bis zum Fön. Und wir Volunteers waren entnervt, wenn wir das Gelände reinigten und dabei die frischen Plastiksäcke, die wir gerade eben in die Müllcontainer eingeworfen hatten, nach wenigen Minuten wieder weg waren.

Das Gleiche beim Häkeln. Wenn ich mich mit den Frauen und Mädchen am Häkeltisch traf, teilte ich die Häkelnadeln stets mit der Bitte aus, die Nadeln nach getaner Arbeit wieder zurückzugeben. Es gab keinen Tag, wo am Ende alle Häkelnadeln wieder beisammen waren. Immer fehlten einige. Ich kaufte unablässig nach, in Mytilini, in Piräus, sogar in der nahegelegenen türkischen Stadt Ayvalık.

An den Häkelnadeln lässt sich das *Ali-Baba*–Syndrom eindrucksvoll erklären: Die Frauen und Mädchen waren bedürftig. Sie brauchten, um diese öden Winterabende im kalten Zelt einigermaßen zu überstehen, nicht nur die drei oder vier Stunden bei *One Happy Family*. Sie nutzten dieses Werkzeug abends und besonders an den trostlosen Wochenenden.

Natürlich kannten sie das Verbot des Stehlens, viele hatten ein feines Sensorium für ihr eigenes Fehlverhalten. Sie kamen oft zwei oder drei Tage später und brachten mir die Häkelnadeln wieder, steckten sie mir unauffällig zu, etwa in der Toiletten-Warteschlange, wo es keiner sah. Wenn sie sich zu sehr schämten, schickten sie ihren Ehemann oder ihre Kinder, die mir freundlichst die Häkelnadeln übergaben, als sei dies ein wunderbares Geschenk. Was es auch war!

Die *Ali-Baba*-Anekdoten aus dem OHF waren jedoch nicht vergleichbar mit dem wirklichen Stehlen im Lager Moria selbst. Natürlich wurde nie erfasst, wie viel gestohlen wurde. Sich beschweren oder jemanden anzeigen machte sowieso keinen Sinn. Doch alle Migranten klagten darüber. Und sie hegten lebhafte Fantasien, wer jeweils die Diebe sein könnten. Immer waren es »die anderen«. Die Afghanen wiesen oftmals auf Afrikaner, und diese wiederum beschuldigten die anderen als die Missetäter.

Viele Bewohner von Moria schliefen mit ihren wichtigsten Habseligkeiten unter dem Kopf. Auch hatten sie es sich angewöhnt, ihre wertvollen Gegenstände unablässig mit sich herumzutragen, meist in Plastiktüten. Denn tatsächlich: Kleidungsstücke, Jacken, Mützen, selbst Schuhe – alles verschwand überall und immerzu.

Manche Flüchtlinge erzählten, dass dieses *Ali-Baba* nicht neu für Moria sei. Sie kannten es aus den Jahren und Monaten ihrer Flucht. Die meisten Streitereien und Schlägereien, sagten sie, drehten sich um gestohlene Gegenstände. Aber wenn ich sie so erzählen hörte, fragte ich mich manchmal, inwieweit sich Dichtung und Wahrheit vermischten. Wie leicht konnte es doch geschehen, dass auf den langen, chaotischen Fluchtwegen Dinge einfach wegkamen, hinunterfielen, aus der Tasche rutschten. Natürlich war dann der Verlust, wenn man überhaupt nur noch ein Minimum sein Eigen nannte, unerträglich. Um dieses Unerträgliche besser zu verschmerzen, hilft es der verwundeten Seele, die Schuld nach außen zu lenken. So verwandelt sich die Trauer um den Verlust unter der Hand in Wut gegen einen imaginierten Dieb.

Vielleicht hilft zum Verständnis des weit verbreiteten *Ali-Baba*-Syndroms ein Blick auf die Lager der Nationalsozialisten. In seinem Buch *... trotzdem Ja zum Leben sagen* beschreibt Viktor E. Frankl, wie sehr Stehlen und Skrupellosigkeit zum

Bestandteil der Überlebensstrategie wurden: »Unter den Lagerinsassen, die sich viele, viele Jahre in Lagern aufhielten, von einem Lager in das andere, konnten sich im Durchschnitt nur jene am Leben erhalten, die in diesem Kampf um die Lebenserhaltung skrupellos waren und auch vor Gewalttätigkeit, ja nicht einmal vor Kameradschaftsdiebstahl zurückschreckten.«

Zurück nach Moria: Wir haben diesen Satz »ich bin beklaut« so unsagbar oft gehört in diesem Winter. Jedes Mal, wenn auch nur das Geringste wegkam – ein Kugelschreiber, ein Waschlappen, eine Mütze – ganz zu schweigen von einem Handy, raunte jemand: »Ali Baba. Ali Baba!« Der Verlust war arg, aber das Zauberwort brachte immer wieder alle zum Lachen.

Essen

»Wovon der Lagerinsasse am meisten träumt?
Von Brot, von Torten, von Zigaretten
und von einem guten, warmen Wannenbad.«
Viktor E. Frankl

In diesem Winter haben wir unzählige Fotos gemacht. Aber eines prägte sich mir besonders ein. Es stammt von meiner Enkelin Celia, die mich eine Zeitlang besuchte und bei OHF mitarbeiten durfte. Sie fotografierte die Geschirrabgabe, wo die Geflüchteten nach dem Mittagessen ihre Teller und Löffel abgelegt hatten. Unmittelbar daneben stand ein weißer Plastikeimer, in den sie ihre Essensreste entleeren konnten, die Abfälle trugen wir danach zum Kompost unseres Gartens.

Celia fotografierte diesen Eimer, und man konnte die Linsen, Bohnen und kleinen Brotbrocken fast zählen, so wenige waren es. Die Speisereste von über tausend Menschen waren minimal. Kein Vergleich zu den Abfällen, die jeden Tag in Celias Schulkantine in Berlin entstehen. Unsere Kinder in Deutschland haben keinen Begriff von Hunger. Sie kennen nicht den Moria-Hunger, wo man nach einem kleinen Plastikteller Linsen, Bohnen oder Reis giert.

Essen stand im Zentrum von OHF. Die Mittagsmahlzeit strukturierte unseren Tag in das Davor (Planung und Zubereitung sowie Organisation der Verteilung) und das Danach (Einsammeln des Geschirrs, Abwasch, Reinigen der Küche und Waschräume). Zwar gab es auch im Lager Moria eine Essensausgabe, die von der lokalen Regierung organisiert und von Brüssel finanziert wurde, aber darüber hörte man von den Bewohnern nur Klagen. Sie beschrieben das Essen als geschmacklos und kalt. Manchmal war es schon in den Plastikfolien verdorben. Die Portionen waren dürftig, die Warteschlangen dagegen umso länger. Deshalb versuchten viele Migranten, sich mit kleinen Feuerstellen zu behelfen, wo sie ihr eigenes Brot backten und etwas Vertrautes, Warmes kochten. Die dafür notwendigen Lebensmittel erstanden sie an einem der kleinen Stände in und außerhalb des Lagers oder, wenn sie das nötige Geld hatten, im Lidl.

Auch bei *One Happy Family* gab es das Essen nicht im Überfluss, immer hatten wir das Gefühl, es war zu wenig. Aber es war warm, frisch gekocht und schmeckte. Vor allem deshalb nahmen die Flüchtlinge den weiten Weg auf sich - womöglich spürten sie die Sorgfalt und Liebe, mit der das Essen zubereitet wurde.

In drei Schlangen - Männer, Frauen und Kinder - warteten unsere Besucher auf das Mittagessen um vierzehn Uhr. Viele, vor allem die Männer, stellten sich schon ein bis zwei Stunden vorher in der Warteschlange auf. Wie schon gesagt, passierte es ab und zu, dass das vorbereitete Essen nicht für alle reichte. Ganz plötzlich, mitten während des Austeilens, hieß es dann, dass es nur noch für zehn oder zwanzig Personen ausreichen würde. Für die Wartenden war dies immer ein Schockmoment, nach mehr als einer Stunde im Kalten, im Nassen, im Wind leer auszugehen.

Aber unsere Küche reagierte in solchen Momenten meist kreativ. Entweder hatte sie schon Minuten vorher neue Mengen an Reis und Bohnen aufgesetzt, um für Nachschub zu sorgen. Oder aber, wenn die Gasflaschen leer waren oder aus anderen technischen Gründen nicht mehr gekocht werden konnte, versuchten sie schnell Ersatz zu schaffen. Ich sehe ihn noch vor meinen Augen, Mohamed, unser begnadeter Koch, wie er mit den bloßen Händen (Hygiene hin und her) in den Joghurteimer griff und auf jeden Teller eine gute Handvoll davon verteilte. Ein anderer tat ein Stück Gurke und eine halbe Tomate dazu – fertig war die Mahlzeit. Die Besucher, die nun plötzlich keine Suppe bekamen, sondern nur einen kalten Schlag Joghurt, zuckten oft kurz zusammen – enttäuscht und hungrig, wie sie waren. Aber niemals habe ich Protest erlebt. Im Gegenteil, auch hier Dankbarkeit. Diese Dankbarkeit der Besucher hat mich übrigens häufig tief berührt. Vor allem, wenn jemand das übliche »thank you, my friend« in »thank you, mother« umwandelte.

Donnerstag oder Freitag war der jeweilige Höhepunkt der Woche, das war der sogenannte *chicken day*. An diesen Tagen machten sich deutlich mehr Besucher von Moria auf den Weg zu *One Happy Family*, in freudiger Erwartung von gekochtem Hühnchen. An den anderen Tagen gab es meist Reis, Bohnen, Linsen und Couscous, weil das mit den kulturellen Gewohnheiten der Besucher, vor allem aber dem knappen Budget der NGO vereinbar war. Am Ende der Woche aber landete echtes Fleisch im Kochtopf, und die Hühnchen-Hungrigen standen noch früher Schlange als sonst. Zwar waren es nur einige kleine Fleischstückchen, die im Teller schwammen, klein wie ein halber Daumen, aber trotzdem war der *chicken day* ein Tag voll glücklicher Emotionen.

Müll

»Wir haben beschlossen, uns um die Strände von Lesbos zu kümmern und den dort liegenden Müll zu entsorgen. Um die natürliche Schönheit dieser Insel wiederherzustellen, die uns allen am Herzen liegt.«
One Happy Family

Nichts war in Moria so allgegenwärtig wie der Müll. Er lag überall, er wirbelte herum, stank und versperrte den Weg. Wenn irgendetwas die Misere des Lagers versinnbildlichte, dann waren es die Abfallberge. Moria glich einer Müllhalde. Man meinte, der Unrat würde nie abtransportiert, was natürlich nicht ganz stimmte, aber die Mytilini-Müllabfuhr war anscheinend hoffnungslos überfordert mit den ständig anwachsenden Mengen von Abfällen.

Die zwanzigtausend Menschen produzierten eine enorme Menge Müll, auch ohne intakten Hausstand. Sämtliche tägliche Mahlzeiten kamen in Plastikhüllen, manchmal sah ich morgens am Hafen die Lastwagen mit riesigen Essensladungen, begleitet von gigantisch anmutenden Paletten von Plastikflaschen. Alles Essbare für die große Menschenmenge in Moria wurde eingeschweißt, und da so gut wie alles Essbare schmierig und klebrig, geruchsintensiv und mehr oder minder leicht verderblich war, waren auch die Abfallberge eben genau dies: schmierig, klebrig, geruchsintensiv, verderblich – kurz: eklig!

Mit dem Abfall und den Essensresten kamen die Tiere: Wanderratten, Mäuse, Schlangen, Raben, Katzen, Hunde, Schaben und Insekten aller Art. Die Müllberge glichen ungesunden, aber höchst diversen Biotopen, in denen die Tiere ihre Futterkämpfe ausfochten. Krähen verscheuchten Katzen. Hunde bissen sich gegenseitig im Kampf um Plastikfutterreste – immerhin war das ein Schauspiel für die Kinder von Moria. Sie brauchten keinen Zoo, sie hatten ihn direkt vor ihrer Container- oder Zelttür. Und da der Müll omnipräsent war, krochen und schlängelten die tierischen Gäste auch in die Zelte und Container hinein, überall dort, wo es Schlupflöcher gab. Oft konnten die Menschen nicht einschlafen wegen der Ratten. Mütter sorgten sich, dass die hungrigen Tiere ihre schlafenden Säuglinge annagen könnten.

Immer wieder lagen tote Ratten, Tauben oder Möwen vor den Zelten, erschlagen, erdrückt oder vergiftet. Niemand traute sich, sie anzufassen, Jungen kickten sie dann wie Fußbälle herum, Mädchen kicherten, und die Erwachsenen schauten zur Seite.

Und die Ausscheidungen. Die unfassbar vielen vollen Windeln, auch wenn diese immer knappe Handelsgüter waren, die neben den übervollen Müllcontainern lagen und vor sich hin stanken. Windeln wurden nicht nur von Babys getragen, sondern oft auch von Erwachsenen, von vielen Frauen und Mädchen, die sich nachts nicht trauten, die weit entfernten Toiletten aufzusuchen, weil sie Angst vor sexuellen Übergriffen hatten. Die Gefahr war real. Diese Frauen und Mädchen trugen, wenn sie nicht bis zum nächsten Morgen auf den Klogang warten konnten, Einlagen – und diese aus der Angst entstandenen Ersatz-Toiletten landeten dann ebenfalls in den offenen Müllcontainern, gemeinsam mit blutigen Binden und Tampons.

Innerhalb ihres kleinen Wohnbereichs achteten die Bewohner Morias jedoch auf größtmögliche Sauberkeit. Hier wurde unentwegt gefegt und gesprüht. Überall verbreitete sich der Geruch von Desinfektionsmitteln, und die Teppiche, die tags als Gebetsteppiche dienten und nachts als Kälteschutz, wurden unentwegt ausgeschüttelt. Die Frauen achteten sorgsam auf Sauberkeit für den eigenen Körper und die eigenen Kleider.

Der Bereich außerhalb der eigenen Schwelle aber wurde von den meisten Migranten als feindliches Niemandsland empfunden, da war es egal, was an Unrat herumwirbelte. All der Plastikmüll ringsumher lag in niemandes Verantwortung. Die Straßen und Wege um Moria herum glichen selbst Müllhalden. Kleine Bäche waren verstopft mit Plastik. Die umliegenden Olivenhaine, Lesbos' Stolz und Lesbos' Liebe, übersät mit Plastikflaschen, Dosen und Abfall aller Art. In den von Dichtern besungenen silbergrünen Zweigen der Ölbäume flatterten blaue und weiß-durchsichtige Plastiktüten im Wind wie zarte kleine griechische Fähnchen.

Manchmal versammelten sich Mitarbeiter einer oder mehrerer NGOs und setzten ganze Tage zum Mülleinsammeln an.

Meist junge Leute aus aller Herren Länder machten sich eifrig ans Werk und trugen bis zur Erschöpfung Hunderte von riesigen schwarzen Plastiksäcken zusammen. Drei Wochen später war es, als wäre dieser Einsatz nie geschehen.

Im Frühjahr kam ich mit einem Müllmann am Hafen von Mytilini ins Gespräch, dort, wo die Fähre aus Piräus anlegt. Jeden Morgen wanderte er, so als habe er alle Zeit der Welt, die Pier entlang und pickte mit seinem Hakeninstrument Stück für Stück jedes noch so kleine Teilchen auf. Dann versenkte er die Tütenreste, Brotkanten, Cola-Dosen und zerfledderten Masken in seinen schwarzen Plastiksack. Wir redeten viel, er war tief gekränkt über die Menschen, die vor seiner Nase ihre Plastikflaschen wegwarfen, und ich musste bangen, dass er nicht in eine Depression verfiel. Ein melancholischer Sisyphos. Immerhin hatten wir ein Gesprächsthema.

Resilienz

»… und das Licht leuchtet in der Finsternis …«
Viktor E. Frankl

Moria war die »Schande Europas«, eine Hölle, ein Albtraum. Jeder, der das Lager einmal betreten hat, wird sich diesen drastischen Bezeichnungen anschließen. Hinzu kommen die Schicksale und Umstände, welche die Bewohner zur eigentlichen Flucht bewegten.

So erstaunte mich immer wieder, wie sich die Menschen im Lager arrangierten und einen Alltag etablierten, der ganz bestimmten Abläufen folgte: Aufstehen, in der Essensschlange anstehen, Papiere suchen und vorzeigen, Regenwasser wegschaufeln, Wäsche aufhängen, über Müllberge steigen, Insekten, Ratten und Diebe verscheuchen, essen und trotzdem Hunger ertragen, schlafen oder auch schlaflos liegen, in der Toilettenschlange stehen … Wie war es möglich, dass nicht viel mehr Menschen im Camp ausrasteten, schrien, um sich schlugen, ja, wahnsinnig wurden?

Eine Antwort liegt in dem eisernen Willen vieler Flüchtlinge. Sie haben es bis auf griechischen Boden geschafft und sind in Europa angekommen, wenn auch nicht ganz dort, wo sie hinwollten. Das Bedürfnis, auch diese letzte Durststrecke auszuhalten, setzt ungeahnte Kräfte frei. Früher hätte man es Willenskraft genannt, heute spricht man von Resilienz, von der Widerstandskraft und dem gesunden Umgang mit Krisen.

Die modernen Resilienzkonzepte selbst sind einfach und kompliziert zugleich. Einfach, weil sie meist mit nur wenigen diagnostischen Merkmalen operieren. Kompliziert, weil diese Kriterien oft in sich komplex und deshalb nicht eindeutig fassbar sind. Aus der Fülle der Merkmale, die das Wesen der Resilienz kennzeichnen, tauchen einige wenige immer wieder auf: Optimismus, Lösungsorientierung, Verantwortung für das eigene Leben.

Zweifellos haben Menschen schon in dem Moment, als sie sich zur Flucht entschlossen und alles hinter sich ließen, Zuversicht bewiesen. Sie sind nicht vor Schreck erstarrt. Sie haben sich nicht das Leben genommen, sondern sie wollten ihr Leben retten. Es verlangt Entschlusskraft, gepaart mit der optimistischen Vorstellung: »Weg hier! Es kann nur besser werden.« Möglicherweise waren sie auch von ihrem religiösen Glauben getragen oder von den Versprechungen von Familienangehörigen, die es schon vor ihnen geschafft hatten.

Dass die Geflüchteten selbst im Camp Moria von Zukunftswünschen erfüllt waren, kann ich nicht genug betonen. Daraus gewannen sie Energie und Durchhaltekraft. Und damit unterschieden sie sich kaum von den Flüchtlingen anderer Epochen und Konfliktzonen – seit biblischen Zeiten waren Menschen auf der Suche nach dem Gelobten Land, wo vielleicht nicht immer Milch und Honig fließen, aber doch zumindest Frieden herrscht.

Das zeitlich Ungewisse, das absolut nicht Planbare auszuhalten ist ebenfalls ein Zeichen von Resilienz. Aus Tagen werden Wochen, aus Wochen werden Monate, und aus Monaten werden Jahre – und erstaunlich viele Geflüchtete schienen diesen Wartestand mit großer Zähigkeit auszuhalten.

Moderne Soziologen, Pädagogen und Therapeuten gehen davon aus, dass Resilienz erlernbar und trainierbar ist, und scheinen mit diesem Konzept erfolgreich zu arbeiten. Ich selbst glaube allerdings eher, dass die Fähigkeit zu Resilienz der sehr persönliche Charakterzug eines Menschen ist, welchen man nur bedingt beeinflussen beziehungsweise verändern kann. Viele historische Beispiele verweisen darauf. Ich denke etwa an die extrem unterschiedlichen Weisen, mit denen Menschen die Konzentrationslager der Nazizeit überlebt und verarbeitet haben.

Nehmen wir als Beispiel Viktor E. Frankl und Jean Améry, die beide schreibend ihre persönlichen Erfahrungen übermittelt haben. Beide waren in Auschwitz. Beide haben das Lager überlebt und unmittelbar danach Zeugnis abgelegt über Folter, Erniedrigung, Todesangst, Gaskammern und Tod. Frankl hat sein ganzes Leben lang auf Resilienz gebaut, er hat sie systematisch entwickelt, getragen von Optimismus, Zukunftsorientierung und Lernbereitschaft der Menschen. Er schrieb Bücher, er war und blieb lebenslang Therapeut, der anderen über Krisen hinweghalf und ihnen Lebensmut vermittelte. Dies entsprach seinem authentischen Wesen. Resilienz war sein Weg.

Auch Jean Améry überlebte, auch er schrieb seine Erfahrungen nieder. Aber Améry fühlte sich, anders als Frankl, durch KZ und Folter in seinem Wesenskern gebrochen. Er trug in sich lebenslang einen Schatten – bis hin zu seinem Suizid in seiner Geburtsstadt Salzburg im Oktober 1978. Ihm war Resilienz etwas zutiefst Fremdes. Améry hätte sich gegen Ratschläge gut meinender Resilienz-Therapeuten entschieden gewehrt: »Wer der Folter erlag, kann nicht mehr heimisch werden auf dieser Welt.«

Zurück zu Moria und den Tausenden von Menschen, die in dem Lager litten. In einigen bedrohlichen Notfällen konnten die Ärzte und Therapeuten eingreifen, aber wir bleiben in völliger Ungewissheit darüber, wie die Migranten ihr Erleben im Lager und die quälenden Erfahrungen der Flucht mittels Resilienz langfristig bewältigen werden. Wir haben keinerlei Möglichkeit der Prognose. Wir wissen nicht, ob der zwanzigjährige Salim aus dem Jemen jemals ein guter Mechaniker oder Krankenpfleger in England sein wird, so wie er es erträumt. Ob die neunzehnjährige Amira aus Afghanistan jemals eine glückliche Lehrerin in Deutschland sein wird, so wie sie es uns zuversichtlich beteuert. Oder ob sie in irgendeinem europäischen Land in Trauer und Depression versinken werden. Wir wissen es nicht.

Resilienz ist das eine. Schicksal das andere. Und beides, beziehungsweise das geheimnisvolle Gewebe zwischen den beiden, entscheidet über ein Menschenleben. Auch und gerade in Moria.

Deutschland als Traumziel

»Auf die Vertreibung aus dem Paradies folgt die Flucht ins Gelobte Land. Ein weltgeschichtliches Perpetuum mobile.«
Ilija Trojanow

So wie die allermeisten von uns Deutschen fast gar nichts über ein fernes, fremdartiges Land wie etwa Afghanistan wissen, über seine Geschichte, seine unterschiedlichen Ethnien und Sprachen und die damit einhergehende Zerrissenheit, so hatten auch umgekehrt die meisten Menschen, die im Lager Moria strandeten, keine wirkliche Kenntnis über ihr Gastland und das übrige Europa. Ihre Vorstellungen über Europa, wohin es so viele von ihnen zog, war eher ein Ahnen und Hoffen, ein Fantasieren und Ausschmücken, gemischt mit Smartphone-Infos von irgendeinem Cousin oder fernen Onkel oder Freund eines Freundes. Mehrfach um die Ecke übermittelte Flüsterpropaganda.

Wann immer man mit den Lagerbewohnern ins Gespräch kam über das Land ihrer Zukunft, wurde Deutschland an erster Stelle genannt. Oder präziser: »Ravensburg.« »Lüneburg.« »Krefeld!« Und ein Zauber lag über diesen seltsam ausgesprochenen Ortsnamen.

Ganz klar, auch Finnland, Holland, England und Schweden wurden als Wunschländer erwähnt. Aber Deutschland stand unbestritten an der Spitze. Warum dies? Warum diese uneingeschränkte Sehnsucht nach Deutschland? Man könnte vermuten, und darin liegt sicher ein Kern Wahrheit, dass es bekannte, äußere Fixpunkte sind, deutsche Markenzeichen, die die Menschen von weitem anlocken: der Mercedes-Stern, Fußball oder die Autobahnen. Aber dies kann als Erklärung kaum ausreichen. Schließlich verfügt auch Frankreich mit dem Eiffelturm, Dior und Disney-Land über etliche Attraktionen. Und auch England fasziniert die Menschen schon von weitem – die Queen, Buckingham Palace, Big Ben.

Die Sogkraft Deutschlands liegt tiefer. Und diesen Pull-Faktor kann man nur verstehen, wenn man die andere Seite, die sogenannte Push-Kraft, die wegtreibende Kraft, sowie das dynamische Miteinander der beiden betrachtet. Die Afghanen und ebenso die anderen Asylsuchenden aus Syrien, dem Iran, aus Palästina und Zentralafrika flüchteten aus ihrer Heimat wegen Dürren, Krieg, Zerstörung ihrer Häuser, wegen politischer oder religiöser Verfolgung, kurz: Sie flüchteten aus einer strukturell unsicheren und chaotischen Existenz. Und so liegt es nahe, dass ihr Wunschdenken um ein Land kreist, das genau das Gegenbild all dessen verheißt: nämlich Ordnung, Sicherheit, Frieden, solide stehende Häuser und Dörfer, eine stabile Infrastruktur, gute Schulen und ein funktionierender Rechtsstaat. Und all dies repräsentierte Deutschland in der Vorstellung vieler Geflüchteter. Es war für sie tatsächlich das Gelobte Land.

Dieses optimistische und vertrauensvolle Hoffen auf Deutschland machte die Asylsuchenden taub gegenüber bedrohlichen Nachrichten über Angriffe gegen Ausländer, über Brandstiftungen und andere deutliche Signale von Xenophobie, die sie ja ebenfalls über ihre Smartphones empfingen. Deutschland erschien den Asylsuchenden, ganz wie dem Liebenden die Geliebte, aus der Ferne nur rosig, begehrenswert und makellos. Deutschland – das Gelobte Land.

Und so konnte es nicht ausbleiben, dass ich ab und zu Moria-Bewohner im Eintracht-Frankfurt-Trikot entdeckte oder mit einer Mütze, auf der der Berliner Bär prangte. Einmal zeigte mir jemand sogar sein Tattoo mit dem Abbild von Angela Merkel. Es war versteckt unter dem linken Ärmel – als Zeichen unerschütterlicher Hoffnung.

Lager

»Der Mensch im Konzentrationslager verliert das Gefühl, überhaupt noch Subjekt zu sein, geschweige denn ein geistiges Wesen mit innerer Freiheit und persönlichem Wert. Er erlebt sich selbst nur als kleinsten Teil einer großen Masse, sein Dasein fällt herab auf das Niveau eines Herdendaseins. Ohne recht zu denken oder zu wollen, werden da Menschen bald dahin, bald dorthin getrieben, zusammen- oder auseinandergetrieben, wie eine Herde von Schafen.«

Viktor E. Frankl

Selbst wenn die Freiwilligen unserer NGO vor Müdigkeit fast zusammenbrachen, es wurde unaufhörlich diskutiert. Die Gespräche waren notwendig, um im Austausch mit anderen das Erlebte zu ordnen, um nach einem langen Arbeitstag nicht um den Schlaf gebracht zu werden.

Und natürlich drehten sich alle Gespräche um das Lager. Um Moria mit allen seinen Facetten, der ganzen Misere, den Widersprüchen. Und da das Entsetzen über den Lageralltag groß war, vergröberten sich auch zusehends die Begriffe, mit denen einige Volunteers das Erlebte beschrieben, sie rangen um Analogien, und oftmals fiel der Satz: »Moria ist ein

Konzentrationslager.« Tatsächlich waren viele davon überzeugt.

Auch mir selbst kamen Assoziationen an schon Dagewesenes: Ich erinnerte mich an die Erzählungen der griechischen Jüdin Erika Myriam Kounio-Amariglio, die mit sechzehn Jahren von Thessaloniki nach Auschwitz deportiert worden war und als eine der wenigen dieser bedeutsamen jüdischen Gemeinde überlebt hatte. Mir kamen die Schriften von Bruno Bettelheim, Viktor E. Frankl, Primo Levi und Germaine Tillion in den Sinn, die ähnliche Reaktionsweisen beschrieben hatten, wie wir sie bei den Bewohnern in Moria wahrzunehmen glaubten.

Tatsächlich gibt es gewisse Gemeinsamkeiten zwischen Moria und den deutschen KZs – vor allem die Tatsache, dass der Aufenthalt im Lager stets fremdbestimmt war. Kein Lagerbewohner, egal zu welchem Zeitraum und Ort, wählt das Lager freiwillig. Immer ist es ein erzwungener Lebensraum, »von oben« oder von den Umständen übergestülpt. Die Migranten, die ihre Heimat verließen und Tausende von Kilometern lebensgefährlicher Wegstrecke in Kauf nahmen, entschieden sich nicht für das Lager. Sie wurden dorthin verfrachtet, weil ihr Asylbegehren blockiert wurde.

Zudem bedeutete das Leben im Lager für alle Bewohner, dass sie radikal von ihrer bisherigen Existenz abgetrennt waren – fern von Haus und Familie, ohne Rückhalt im bisherigen sozialen und beruflichen Leben. Und das eigentlich Quälende war: Die Herkunft und das bisherige gelebte Leben interessierte hier niemanden. Verlust zählte nicht. Für Erinnerungen war kein Raum, nur die Gegenwart zählte und der Überlebenskampf. Die Vergangenheit wurde begraben. Was Viktor E. Frankl über die Gefangenen in den deutschen Konzentrationslagern schreibt, traf auch für Moria zu: »Alles Trachten und damit auch das gesamte Gefühlsleben konzentriert sich auf eine einzige Aufgabe: die pure Lebenserhaltung – die eigene und die gegenseitige!«

Eine weitere Gemeinsamkeit aller Lagerbewohner: Sie lebten in absoluter politischer und sozialer Unmündigkeit. Nicht sie selbst, sondern fremde Institutionen entschieden über fast alle Belange ihres täglichen Lebens, über ihren Status und über ihre Zukunft. Im Falle von Moria waren dies das UN-Flüchtlingskommissariat (UNHCR), die griechische und lokale Administration, die Polizei, das Militär und die Nichtregierungsorganisationen. Größtenteils blieben deren Entscheidungen den Betroffenen völlig unerklärlich. Noch einmal zu Viktor E. Frankl. Er beobachtete bei den KZ-Insassen, mit denen er inhaftiert war, dass der seelische Schmerz über dieses Ausgeliefertsein den körperlichen Schmerz noch überstieg: »Die Empörung über die Ungerechtigkeit bzw. die Grundlosigkeit ist dasjenige, was einem in diesem Moment eigentlich weh tut.« Klagen dieser Art konnte man in Moria täglich hören, auch wenn die Menschen hier nicht unter Schlägen, Zwangsarbeit oder noch Schlimmerem zu leiden hatten. Aber niemand konnte den Insassen erklären, warum sie hier in diesem Lager, in diesen Containern für unbestimmte Zeit gefangen blieben. Und sie selbst am wenigsten.

Die Ungewissheit schließlich gehört zu den größten Qualen des Lagerlebens – gestern wie heute. In den deutschen Konzentrationslagern und im Gulag der Sowjetunion war es nach und neben der Ausbeutung der Arbeitskräfte meistens der Tod, der sie erwartete. Dies ist in Moria natürlich anders – obgleich die Angst, im Fall der Asylablehnung ins Ursprungsland zurückgeschickt zu werden, bei vielen Panik und Todesfantasien auslöste. Viele Lagerbewohner empfanden Moria wie ein »langsames Sterben«.

Doch das Lager produzierte nicht ausschließlich Misere, Hoffnungslosigkeit und Opfermentalität. Wer näher hinschaute, konnte in Moria auch unendlich positive Energien entdecken: Kräfte von Resilienz, von Fürsorge und Solidarität untereinander, Zeugnisse von Nächstenliebe, von Erfindungsgeist, von Stolz, von Musik und Tanz – bis hin zum politischen Widerstand. Diese positiven Energien drangen zwar selten deutlich nach außen, doch sie halfen beim Überleben. Interessanterweise sind es vor allem die KZ-Lager-Berichte von Frauen (wie etwa Germaine Tillion oder Erika Myriam Kounio-Amariglio), die diese Aspekte besonders ausführlich beschreiben, weil sie so stark in ihrer Erinnerung verhaftet waren.

Es ist also nicht von ungefähr, dass sich mir immer wieder Assoziationen an die Lager der Vergangenheit aufdrängten, so wie ich sie aus Erzählungen oder Büchern vermittelt bekommen hatte. Und trotzdem – oder vielleicht gerade auch deshalb – reagierte ich immer empfindlich, wenn Moria mit Auschwitz identifiziert wurde.

Moria war kein Todeslager. Hier wurden niemals Menschen vorsätzlich selektiert, gefoltert und getötet. Niemand hat ihre Arbeitskraft ausgebeutet. Tatsache ist, dass die Menschen hier seelisch bluteten und dass ihr Leben im Lager eine absolute Reduzierung bedeutete. Tatsache ist, dass viele Menschen, die hier lange Monate oder Jahre verbrachten, für ihr zukünftiges Leben gezeichnet sein werden. Ganz besonders die Kinder und Jugendlichen.

Und dennoch: Moria ist nicht Auschwitz. Vielmehr steht Moria dafür, bis zu welchem Ausmaß an Menschenverachtung unsere Gesellschaft fähig ist, wenn sie Lager wie dieses toleriert. Und das ist schon genug.

Besucher

»Für mich ist die Frage der Kleidung immer
eine des Prinzips, des Respekts, der Ordnung.
Ich will mich nicht verkleiden, auch nicht in Elendsgebieten.«
Bernard-Henri Lévy

Immer wieder erhielt das Lager Moria hohen Besuch. Im Frühjahr 2016, unmittelbar nach Inkrafttreten des EU-Türkei-Abkommens, reiste Papst Franziskus gemeinsam mit zwei orthodoxen Kirchenführern an. Was als humane Geste gedacht war, wurde zum Politikum. Die Bilder des tief berührten Papstes gingen um die Welt.

Im Spätsommer 2020 reiste Armin Laschet nach Moria. Auch er wollte mit seinem Besuch ein Zeichen setzen – allerdings entglitt das Protokoll vollkommen. Im Lager kursierten Gerüchte, dass Laschet der neue deutsche Bundeskanzler sei, und damit verbunden die Hoffnung, er könne die Bewohner von Moria befreien. Freudig erregt skandierten sie: »Freedom, freedom!« Die griechische Polizei, um das Wohl des hohen Gastes besorgt, ließ den Besuch mittendrin abbrechen.

Ein anderer Gast machte weniger öffentliches Aufsehen, aber der Zufall wollte, dass ich ihm am 10. März 2020 begegnete.

Kurz zuvor war das Zentrum von *One Happy Family* abgebrannt. Nachdem meine Organisation zerstört war, war ich sozusagen arbeitslos und fuhr mit dem Bus zum Camp. Wie so oft in diesen Tagen verbrachte ich viel Zeit vor dem Gebäude von *Ärzte ohne Grenzen*, wo ich Informationen austauschen oder einfach nur mit Menschen reden konnte. Das Reden war so notwendig zu jener Zeit.

An diesem Morgen traf ich in der Nähe des Haupteingangs des Lagers eine kleine Gruppe, die Französisch sprach. Darunter war ein älterer Herr mit weißer Mähne, aufrechter Haltung und überraschend makelloser Kleidung: ein schlichter schwarzer Mantel, weißes Hemd und blank geputzte Schuhe. Anders als alle anderen, mich eingeschlossen, trug er keine Schlammschuhe. Ich ging zu ihm und fragte, warum er hier im Lager so elegant gekleidet sei. Das mag überraschen, aber ich war einfach neugierig. Die Umstehenden schmunzelten, der Mann zuckte leicht zusammen – an dieser Stelle hatte er wahrscheinlich andere Fragen erwartet. Dann überlegte er kurz und sagte ruhig: »Aus Respekt. Aus Respekt vor den Menschen im Lager.«

Erst allmählich dämmerte mir, dass ich mich gerade mit Bernard-Henri Lévy unterhielt, dem französischen Philosophen und Publizisten.

Anschließend durchwanderten wir gemeinsam das Lager und gingen in Begleitung eines kundigen Griechen tief hinein in diesen *rotten place*. Es war mittags, Männer machten kleine Feuer und reichten uns vom frisch gebackenen Brot. Frauen kochten Reis und gaben uns die Hand. Kinder umringten uns. Keiner verstand die Sprache des anderen, aber alle redeten miteinander – mit Hand und Fuß.

Danach wollte Bernard-Henri Lévy das abgebrannte Gebäude von *One Happy Family* sehen, vor allem aber die Reste der *School of Peace*. Entgegen den Warnungen des Sicherheitsdienstes stapfte er durch die rauchigen Trümmer dieser hoffnungsträchtigen Einrichtung, die 2017 von jungen Palästinensern und Israelis gegründet und aufgebaut worden war. Tausende der Flüchtlingskinder hatten hier gelernt, gelacht, gespeist und gesungen und sich über einige Stunden des Tages von der Lageröde befreit. Mir fiel Heinrich Heines Warnung ein: »Wo man Bücher verbrennt, verbrennt man auch Menschen.«

Es war nur ein kurzer Besuch des Philosophen, und am Ende hatte er ebenfalls schlammige Schuhe. Aber später publizierte er in der französischen Illustrierten *Paris Match* einen Bericht über Moria, der zu den besonders eindrucksvollen gehört.

Olivenhaine

»Gebt acht auf die Olivenbäume und die Weinfelder,
ihr müsst sie düngen, sie begießen, sie beschneiden,
wenn ihr wollt, dass sie euch Früchte bringen.
Auch sie waren früher Menschen, aber viel, viel früher,
und haben kein Erinnerungsvermögen mehr.
Doch der Mensch hat es, und daher ist er Mensch.«
Nikos Kazantzakis

»Wie junge Ölbäume sind deine Kinder rings um deinen Tisch«, heißt es im Psalm 128. Der griechische Dichter Giorgos Seferis nennt den Olivenbaum »die zerfurchte Haut« unserer Väter, und auch der aus Südfrankreich stammende Schriftsteller Henri Bosco entdeckte unter den Olivenbäumen solche, die aussahen »wie sehr alte Männer«. Der Olivenbaum steht symbolisch für die Mittelmeerländer, ganz besonders für Griechenland. Doch auf Lesbos ist er inzwischen auch zum Symbol der Zerrissenheit geworden.

Zu Beginn der Flüchtlingswelle, als immer mehr Boote auf der Insel landeten, war es für die griechischen Dorfbewohner und Fischer selbstverständlich, mit ihren Schiffen rauszufahren und Hilfe zu leisten. Es entsprach auch dem Gebot der

Gastfreundschaft, den Gestrandeten in ihren den Ufern angrenzenden Wäldern erste Unterkunft zu geben. Sie breiteten Decken aus unter den Olivenbäumen, damit die Erschöpften dort ausruhen konnten, sie reichten ihnen Essen und Trinken, trockene Tücher und Kleider. Manche Bewohner aus Moria und den anderen nahegelegenen Dörfern erzählen noch heute von diesen Momenten, in denen sie sich den Flüchtenden sehr nahe empfanden. Dabei gab es nicht wenige unter ihnen, die sich der nur wenige Kilometer entfernten Türkei stark verbunden fühlten – waren doch der eigene Vater oder Großvater, Tante oder Nachbarn einst von eben dort her geflohen.

Allerdings änderten sich die Gefühle der griechischen Gastgeber im Laufe der Zeit. Tatsächlich war Moria eingebettet in Olivenwälder, so weit das Auge reicht. Wären da nicht der Stacheldraht und die Mauern, ganz Moria wäre ein einziges Olivenhain-Camp. Und tatsächlich platzte die gesamte Infrastruktur des ursprünglich für dreitausend Menschen angelegten Lagers schon bald aus allen Nähten. Immer mehr Menschen siedelten um die Mauern und Zäune, rechts und links und oberhalb des offiziellen Wohnbereichs bis hinein in die Wälder. Irgendwann ging das abgeriegelte offizielle Lager über in den zunehmend verwildernden Olivenhain, wo am Ende Tausende von Migranten Unterschlupf suchten.

Dass sich die Flüchtlinge in den Wäldern niederließen, bedeutete für die Olivenbauern an sich noch keine Katastrophe. Olivenbäume sind robust und können durchaus einige Jahre ohne besondere Pflege überstehen. Zudem wurden die Bauern vom Staat finanziell hinreichend (manche sagen sogar üppig) entschädigt. Die Stimmung kippte aber, als einzelne Bäume zerstört wurden. Als in den Wintern Menschen von Moria in ihren Zelten erfroren, begannen die Migranten nicht nur ihre Hütten unter dem Schutz der Bäume aufzubauen und zu befestigen, sondern sie setzten sie teilweise in Brand, um sich zu wärmen.

Die brennenden Olivenbäume waren für die griechischen Bauern die rote Linie. An diesem Punkt fühlten sich die Besitzer, die sich mit den Bäumen ihrer Väter und Großväter identifizierten, persönlich angegriffen. Natürlich verfügten sie nicht über die Mittel der Antike: Wer einem Olivenbaum Schaden zufügte, wurde zu jener Zeit mit dem Tode bestraft oder verbannt. Aber die Wut mancher Dorfbewohner und Besitzer eben jener das Lager Moria umgebenden Olivenhaine erinnerte mich durchaus an archaische Zeiten. In den Gesichtern mancher Männer, die im Dorf Moria an den Straßen standen und Wache schoben, war deutlich Verzweiflung und Rachsucht zu erkennen.

In meinem Winter auf Lesbos ging ich oft nach Moria und sah die üppigen Wälder, über Generationen gewachsen, deren Ränder jetzt gesäumt waren von Plastik und Müll aller Art. Zerrissene Zäune, stinkende Abwässer, ausgekohlte Baumstümpfe. Im Kontrast dazu die heilen Olivenbaumwälder des Insel-Nordens, die ich im darauffolgenden Frühling durchwandern durfte: unberührte Landschaften, voller Blumen, Kräuter und Schafe.

Der Ärger und die Ohnmacht der Olivenbauern von Moria sind verständlich, fühlten sie sich doch mit ihren zerstörten Hainen im Stich gelassen. Dabei waren sie überzeugt: »Wer einen Ölbaum pflanzt, setzt ihn für seine Kinder und Enkel, er setzt einen Keim für die Zukunft im Vertrauen auf weite Zeiträume. Wer einen Ölbaum pflanzt, sieht von sich ab und richtet den Blick auf die Nachkommen. Er hat Sinn für das Kommende.«

Regen

»Gerade begann es zu regnen, zunächst nur leicht,
dann heftiger und heftiger, und als wir zu dem Ödland kamen,
war der Boden eine wirbelnde Wasserfläche.«
Henry Miller

Es regnete in Moria. Es regnete in Mytilini. Es regnete überall auf ganz Lesbos. Im Februar an einem langen Sonntagnachmittag lag ich müde auf meinem Bett in meinem kargen Zimmer in der Altstadt. Plötzlich eine Fantasie: Halb träumend erinnerte ich die Regenszene aus François Truffauts Film *Der Wolfsjunge*. Plötzlich sah ich es vor mir, Victor, das wilde Kind von Aveyron. Es regnet! Es regnet in Schüben, es regnet *cats and dogs*, wie die Engländer sagen, und Victor gerät außer sich vor Wonne. Wie von Sinnen rast, springt, wedelt und hüpft er über die Wiesen. Er läuft plötzlich wieder vierbeinig, wobei er das Laufen auf zwei Beinen ja längst gelernt hat. Er überschlägt sich, wird selbst zum Regenbach.

Aber ich wachte auf. Wir waren nicht im Kino. Wir waren in Moria. Von Zauber war hier nichts zu spüren. Von Lust keine Spur. In Moria war Regen der Feind. In Moria fiel der Regen kübelweise, und da das Lager am Hang lag, riss er die

Erde auf und trug den Schlamm mit sich. Man glitschte aus und versank mit den Füßen im Schlamm, der sich mit Plastikmüll und Exkrementen vermischte hatte. In die meisten Zelte und in die notdürftig errichteten Hütten regnete es hinein. Das Wasser bahnte sich überall seinen Weg, manchmal riss es die Zeltwände herunter, manchmal sickerte es von unten hinein. Das eigentliche Problem war, dass die Menschen keinerlei Trocken- und Aufwärmmöglichkeiten hatten. Sie legten sich abends nass auf ihre Matten und wachten in nassen Kleidern auf. Die Luftfeuchtigkeit kroch in die Haare und in jede Containerecke, und sie erfüllte die Zelte. Kein Ausweichen vor dieser kalten Nässe.

Und ich erinnere mich: Wie oft haben wir im Gemeinschaftszentrum *One Happy Family* im Regen gegessen. Wie oft standen die Männer und Frauen und Kinder durchnässt in den Essensschlangen. Besonders eine Szene werde ich nie vergessen: An einem Tag überraschte uns plötzlich heftiger Regen. Es war gegen Mittag, und die Menschen standen schon lange Schlange vor der Essensausgabe. Sofort wurden die Frauen und Kinder von draußen in die Halle geleitet, um dort im Trockenen ihr Essen zu empfangen. Aber für die schätzungsweise achthundert Männer war drinnen kein Platz. Und es regnete und regnete.

Unsere Köchin und Verantwortliche für alle Essensangelegenheiten entschied: »So nicht! In strömendem Regen verteilen wir nicht unser Essen.« Es erschien ihr unwürdig den Besuchern gegenüber, aber auch gegenüber dem Küchenteam, das in stundenlanger Arbeit das Essen zubereitet hatte und das nun Teller samt Essen wegschwimmen sah.

Anders unser Sicherheitsdienst. Namentlich sein Chef Saleh hatte über eine Stunde lang dafür gesorgt, dass die Warteschlange gut funktionierte und die vielen Hungrigen geordnet warteten. Er entschied, dass die Essensausgabe trotz prasselndem Regen stattfinden sollte. Es kam zu einer aufgeregten Diskussion zwischen dem Küchenteam und der Security, wobei Letztere am Ende siegte. Das Essen wurde ausgeteilt, die Linsen schwammen im Regenwasser. Die Köchin verließ unter Protest ihre Küche. Dabei hatte sie wie immer so gut gekocht.

Im Kino und in zu heißen Sommern mag Regen etwas Ersehntes sein. Im winterlichen Moria war Regen der Feind.

Warten

»Und jenes Warten ließ die Nächte fast endlos erscheinen,
so schlug das Lied denn Wurzeln
wie ein Baum und wurde größer.«
Yannis Ritsos

Denk ich an Moria, dann erscheint mir das Lager als eine einzige große Wartestation. Warten war die Hauptbeschäftigung der Geflüchteten – im Großen wie im Kleinen.

Im Großen bedeutete das Warten für die Migranten, erst einmal registriert zu werden. Danach einen Termin für eine Anhörung zu bekommen. Und dann entweder die Anerkennung oder die Rückführung ins Heimatland.

Dieser lange bürokratische Asyl-Prozess sollte sich ursprünglich, das heißt im Sinne des EU-Türkei-Abkommens, innerhalb weniger Wochen abspielen. Aus einer ganzen Reihe von Gründen (Unwille, Unfähigkeit, Personalmangel und möglicherweise politisches Kalkül) dehnten sich die Bearbeitungszeiten immer mehr aus, weshalb immer mehr Flüchtende in den Wartestand nachrückten und dort verharrten. Am Ende wurde aus den dreitausend, für die das ehemalige Militärlager mehr schlecht als recht hergerichtet worden war, mehr als zwanzigtausend Menschen. Und diese sammelten sich innerhalb und außerhalb des Stacheldrahts an.

Das Warten im Kleinen betraf das Alltagsleben der Geflüchteten: das Herumstehen, Sitzen, Liegen und auf irgendetwas warten. Das Anstehen für Essen, dreimal täglich, stundenlang, das Warten auf eine freie Toilette, die man allerdings mit hundert bis zweihundert Menschen teilen musste. Das Stehen in der Warteschlange bei den Interviews und das Stehen in den Patientenreihen in der Klinik bei *Ärzte ohne Grenzen* draußen vor dem Lager. Sitzbänke gab es keine, so dass sich Kranke, Alte und Mütter mit ihren Kleinkindern einfach auf den Boden setzten.

In den Kliniken in Mytilini, wo die ernsthaften Fälle behandelt werden mussten, warteten die Geflüchteten in den Ambulanzen halbe oder ganze Tage lang. Wie oft sah ich in den Kliniken diese endlos langen Menschenschlangen!

Und ich stelle mir vor, dass sie selbst im Liegen noch warteten: Die Nächte im Winter waren lang und kalt, Heizung und elektrisches Licht fehlten. So wartete man darauf, dass es aufhörte zu regnen, dass es im Nachbarzelt ruhiger würde, dass die Ratten nicht zu laut rumorten, dass man sich vielleicht doch noch aufwärmte und dass der Schlaf einen irgendwann überkäme.

Auch andere Menschen in anderen Situationen warten oft mehr, als ihnen lieb ist. In normalen Lebenszusammenhängen können wir die uns auferlegten Wartephasen jedoch meist besser überschauen und einigermaßen kontrollieren. Im Lager war alles anders. Hier hatte niemand die Kontrolle.

Die Bewohner verfügten nicht über ihre Zeit, und ihr freier Wille ging ins Leere. Das Warten »impliziert die Unterwerfung«, wie der französische Soziologe Pierre Bourdieu sagt. Es zwingt den Menschen dazu, den undurchschaubaren, anonymen, meist widersprüchlichen und nicht vorhersehbaren Gesetzen des Lagers zu gehorchen.

Suizid

»Es gibt nur ein wirklich ernstes philosophisches Problem: den Selbstmord.«
Albert Camus

Von Anfang an habe ich mich gewundert über den Überlebenswillen der Flüchtlinge in Moria, über ihre Geduld und ihre Durchhaltekraft. Ich habe ihre Fähigkeit bestaunt, trotz Regen und Kälte, trotz Hunger und Husten und räumlicher Enge ihre Menschenwürde zu bewahren, nicht einzuknicken, nicht auszurasten.

Aber täuschen wir uns nicht. Das, was wir mit eigenen Augen sahen, im und vor dem Lager, auf den Landstraßen, beim Einkaufen in der Stadt und bei den Besuchen der Moria-Bewohner in unserer Organisation *One Happy Family*, war nur die eine Seite. Die helle Seite, wie die Lichtseite des Mondes. Hinter dieser Lichtseite aber verbarg sich eine Schattenseite, verbargen sich all jene Aspekte, von denen wir nichts wissen, »weil unsre Augen sie nicht sehn«, wie es in dem Lied von Matthias Claudius heißt. Hier verbarg sich all das, was die Geflüchteten vor der Außenwelt, vielleicht auch vor sich selbst, verborgen halten wollten: Angst und Verzweiflung, Hoffnungslosigkeit und womöglich auch Todesimpulse.

Man macht es sich zu einfach, wenn man glaubt, Widerstandskraft sei eine verlässliche und auf Dauer tragfähige Kraft. Das halte ich für eine Illusion, da es jederzeit auch Einbrüche geben kann. Dies geschieht meist in Momenten, wo man es am wenigsten erwartet, und bei Personen, von denen es niemand vermutet hätte. Da trägt beispielsweise ein Familienvater mit Frau und Kind die Verantwortung während einer jahrelangen Flucht, er fordert sich selbst über alle Kräfte, vergießt nie eine Träne, selbst nicht beim Abschied von den eigenen Eltern. Abends noch tröstet er seine bedürftige Frau, nach Mitternacht nimmt er sich das Leben.

Wo Wut, etwa die gegen demütigende Behandlung oder gegen den zermürbenden Mangel im Lager, nicht nach außen gelenkt werden durfte, liegt es nahe, dass manche Bewohner diese verzweifelte Wut gegen sich selber wendeten. Sie provozierten Unfälle (ich sah unzählige Gipsarme und -beine während dieses Winters), oder sie richteten die Waffe gegen sich selbst.

Wirklich geplante und vollzogene Suizide kamen im Lager indes selten vor. Die wenigen Freitode der vergangenen Jahre waren meist spontane Affekthandlungen, wo alle Mechanismen der sozialen Kontrolle versagten. Der Suizid entspringt in diesen Fällen auch weniger einer Todessehnsucht oder der ihr vorgelagerten Beschäftigung mit Grenzerfahrungen, sondern bedeutet ein Fliehen vor einer aktuell unlösbaren Situation: Flucht in den Tod.

Es gibt meines Wissens keine zuverlässigen Statistiken über Suizide im Lager Moria. Aber zweifellos waren es eher Männer als Frauen, die Ausweg im Selbstmord suchten. Die schon in unserem westlichen Kulturkreis übliche Tendenz, dass Frauen sich psychische Schwäche eher zugestehen und über sie reden, während Männer die Verpflichtung spüren, ununterbrochen stark und tapfer zu sein, war auch bei den Flüchtlingen in Moria offensichtlich. Sehr selten habe ich Männer laut weinen gesehen. Wenn sie wirklich in Verzweiflung gerieten, dann äußerte sich dies in Wutausbrüchen oder in totalem Rückzug. Oft sah ich Männer stundenlang in sich versunken, geknickt auf einer Bank, auf einem Stein, am Kai des Mytilini-Hafens oder auf Baumstämmen in den Olivenwäldern sitzen.

Frauen und Mädchen hingegen sprachen viel von Selbstmord, auch Außenstehenden erzählten sie freimütig von diesen Gedanken. Glücklicherweise scheint es, als ob das freie Aussprechen vor der Tat selbst schützte. Auch ihr autoaggressives Agieren, etwa das häufige Ritzen der Haut, war oft weniger auf den wirklichen Selbstmord bezogen, als vielmehr eine symbolische Inszenierung desselben. Oder ein Aufschrei und gleichzeitig ein Hilferuf: »Seht«, so signalisieren sie ihrer Umgebung, »seht, wie nahe ich dem Tode bin.«

So gab es auf der einen Seite erheblich mehr Selbstmorddrohungen als vollzogene Fälle. Auf der anderen Seite wurden Fälle von Selbstmord auch verschwiegen oder umdefiniert. In den meisten Religionen ist Selbstmord zutiefst verpönt. Für muslimische Flüchtlinge – und der weitaus größte Teil der Bewohner von Moria waren Muslime – galt eben diese Auffassung: Selbstmord ist eine Schande, die es zu vermeiden oder zu verstecken gilt. Man muss deshalb davon ausgehen, dass viele Suizide vonseiten der Angehörigen (und bisweilen auch von Ärzten) als solche verschwiegen wurden und stattdessen als Krankheit oder Unfall deklariert wurden.

Dass ein Migrant im Ägäischen Meer ertrunken war, konnte man den zurückgebliebenen Eltern in Kabul vielleicht vermitteln. Dass aber ihr geliebter Sohn im Lager Moria Selbstmord begangen hatte, würde die Eltern womöglich selbst umbringen.

Tanzen

»Im Kreis des Tanzes ist alles erlaubt.«
Frantz Fanon

Zweimal in der Woche gab es auf dem Gelände von *One Happy Family* Ausnahmezustand. An jedem Dienstag- und Freitagnachmittag explodierte die ansonsten eher gedämpfte Stimmung.

Das waren die Nachmittage von der *open stage*, an denen die Bewohner von Moria eingeladen waren, ihre Instrumente (sofern sie welche hatten oder organisieren konnten) mitzubringen und in bunt zusammengestellten Bands zu singen und zu musizieren. Manchmal wurde auch einfach Musik vom Band abgespielt.

Und die Musik lud immer ein zum Tanz: Anfangs trauten sich nur Einzelne vor, dann kamen immer mehr, bis die ganze Fläche voll war. Meist musizierten und tanzten die zahlenmäßig weit überlegenen Afghanen, eher selten mischten sich die Flüchtlinge anderer Nationen darunter. Einige Afrikaner zum Beispiel blieben in diesen Stunden lieber im großen Saal. Vielleicht war ihnen die afghanische Musik zu fremdartig und nicht geheuer, offensichtlich nutzten sie diese Zeit aber auch, um ihre Handys an den nun freien Steckdosen aufzuladen.

Meist tanzten nur junge Männer, eher selten die Frauen und die Älteren. Aber auch sie waren angesteckt von der Musik und den johlenden und klatschenden Zuschauern. In anderen NGOs habe ich auch Frauen beim Tanzen erlebt – dort hatten sie geschützte Räume, wo sie sich mehr entfalten konnten. Aber die Energie, die Freude an der Musik und am Rhythmus, die stand der der Männer nicht nach.

Manchmal waren die Musiknachmittage so chaotisch und laut, dass unsere Sicherheitsleute glaubten eingreifen zu müssen – der friedliche Tanz sollte schließlich nicht entgleiten. Ihre Sorge war berechtigt: Mehr als tausend Menschen tummelten sich auf dem Gelände, und darunter viele Frauen und Kinder, die es zu schützen galt. Aber manchmal vergaßen sich selbst die Security-Männer und tanzten einfach mit. Das waren die Sternstunden von *One Happy Family*!

Hier in unserer NGO sah ich zum ersten Mal Menschen aus Afghanistan tanzen. Sie machten ganz einfache Schritte, um dann umso lebendiger mit den Armen und Händen zu improvisieren: Da wurde gekreiselt, gesegelt, gewunken und gelockt. Manche Zuschauer lachten verschämt, denn immer war Verführung im Spiel, manchmal, wenn man es so deuten mag, an der Grenze der Frivolität.

Und endlich brauchten die Migranten einmal keine Sprache. Selbst wenn sie kein Gepäck aus der Heimat brachten, ihre Tänze blieben intakt. In ihren Tänzen konnten sie sich ausdrücken und sich verstanden fühlen.

Übrigens tanzten Flüchtlinge auch an anderen Orten. Am Strand, beim Feuer, in den Olivenhainen unter den Bäumen und manchmal in der Stadt. Im Lager beklagten sich afghanische Frauen, dass die afrikanischen Männer »immer« hinter ihren Zelten tanzen würden. Was immer dieses »immer« bedeutete, auf jeden Fall schien es den Frauen zu unpassend. Für sie gab es im Lager schon genug Wirbel.

Ich glaube, dass das Tanzen für die Flüchtlinge von Moria zu den lichtesten und befreiendsten Momenten auf Lesbos gehörte. Die Menschen drehten und wirbelten sich manchmal wie in Trance. In solchen Momenten konnten sie das Lager vergessen. Gerade in der Trauer, selbst im tiefsten Schmerz soll der Mensch tanzen, wie uns der griechische Schriftsteller Nikos Kazantzakis lehrt. In seinem Roman *Alexis Sorbas* stirbt der dreijährige Sohn des Protagonisten. Auf der Beerdigung beginnt der Vater wild zu tanzen, und die Leute sagten, er sei verrückt geworden. Nein, sagt Sorbas, er wäre verrückt geworden, wenn er nicht tanzte.

Womöglich brauchten die Geflüchteten den Tanz, um in Moria nicht ihren Verstand zu verlieren.

Handys

»Wer nicht chattet, lebt nicht.«
Schüler aus Deutschland

Kurz vor Weihnachten war es in unserer NGO voller als sonst. Die Besucher, die zum größten Teil nicht christlich waren, ließen sich anstecken von der Stimmung in den festlich geschmückten Räumen von *One Happy Family*. Neben mir am Arbeitstisch stillte eine Frau ihr etwa einjähriges Baby. Nachdem sie ihre Bluse wieder zugeknöpft hatte, ertönte ein schriller Schrei, und sofort reichte sie dem Baby ihr Handy. Das Baby klammerte sich an das Gerät wie vorher an die Mutterbrust und starrte still auf das hypermotorische Spiel, das auf dem Display ablief.

Wir hatten ja Regeln. Eine davon lautete: Nicht werten, nicht erziehen, niemals »pädagogisieren« gegenüber unseren Besuchern. Aber in diesem Moment sprach ich die Frau doch darauf an. Sie antwortete nur: »Baby cries.« Ganz klar, nach dem Stillen mit Muttermilch musste das Kind weiter gestillt werden, hier unter den vielen Menschen, zu Hause im Zelt, wo es so hellhörig war, im Bus und auf allen Wegen: Wer erträgt schon ein schreiendes Kind? Ein Segen für die Mutter, dass es das Smartphone gab – ein Fluch für den Säugling, der sich mit den virtuellen Bildern buchstäblich vollsaugte.

Überall in unserer Einrichtung sah ich diese Kinder. Kleinkinder saßen zu Füßen ihrer Mütter und spielten unter den Tischen auf Tablets. Ich sah kleine Mädchen von drei, vier und fünf Jahren, die Barbie-Models bestaunten und Schmink-Tutorials oder Videos über Entfettungsprogramme einsogen. Und ich sah Jungen, die sich – alle geschlechterspezifischen Klischees übererfüllend – stundenlang Kriegsszenerien, Schießereien und zerfetzte Leiber reinzogen. Es gibt kaum angemessene Begriffe, diese begierige Art des Schauens treffend zu beschreiben. Halb schauten sie nur, halb spielten sie schon mit. Und immer war da diese völlige Versunkenheit der Kinder.

Manchmal saß so ein Kind allein an einer Wand oder irgendwo draußen im Gelände, als hätte es jemand dort abgestellt. Und wenn dem so gewesen wäre, hätten die Mutter, der Vater oder ein anderer Verwandter die Gewissheit, dass das spielende Kind sich nie fortbewegen würde – solange der Akku reicht.

Kein Zweifel, die Kinder machten es den Erwachsenen nach. Im Leben der Migranten in Moria drehte sich alles um ihre Smartphones, die sie schon während der gesamten Flucht wie ein Kompass begleitet hatten. In der Stadt Mytilini standen lange Schlangen von Lagerbewohnern vor den Läden, wo es preiswerte Simkarten, Handyzubehör und Verträge gab. Junge Männer kratzten ihr letztes Geld zusammen, um sich autonome Ladegeräte zu kaufen, denn in den meisten Wohncontainern, ganz zu schweigen von den Zelten und Hütten in den Olivenhainen, gab es keinen Strom. In die Cafés kehrten sie ein, nicht um Kuchen zu essen, sondern um ihre Handys aufzuladen.

Unter den begehrten Objekten für *Ali Baba* standen Handys und Zubehör aller Art an erster Stelle, die meisten Bewohner von Moria trugen ihre Geräte deshalb auch nachts direkt am Leib. Manche befürchteten, dass sie ihnen sogar unter dem Kopfkissen gestohlen werden könnten.

Auch die Frauen waren angesteckt. Sie schienen an ihren Handys zu kleben, telefonierten in nicht enden wollenden Gesprächen mit Verwandten in der fernen Heimat. Oder sie chatteten mit Freundinnen irgendwo in Europa, die ihnen von dort aus Informationen lieferten und Mut zusprachen: »Ihr schafft das auch, bald seid Ihr hier!« – oder die sie immer wieder fragten: »Wann kommt Ihr endlich weg von Moria?« Diese Gespräche waren lebensnotwendig für die Frauen. Das Handy wurde zum Zentrum des Menschen. Es war das Einzige, was trug. Von einem Tag zum anderen. Von einem Ort zum anderen. Das Handy stiftete Identität.

Und die Grenzsoldaten, die im März 2020 im nordgriechischen Kastanies Migranten aus der Türkei aufgriffen und zur Grenze zurücktrieben, wussten sehr wohl, wie sie die Menschen am empfindlichsten treffen konnten: Sie entrissen ihnen die Hosen und die Handys.

Trauma

»… Ausgangspunkt ist das Prinzip, Traumata von Kindern fernzuhalten, die Reinheit zu schützen. Das ist das älteste und größte Gefühl, das Männer haben können.«

Roberto Benigni

An einem Spätnachmittag im Januar saß ich im Café *Sugar House*, einem Kuchenparadies und Selbstbedienungscafé. Mir gegenüber waren einige Tische zusammengestellt, um die eine Gruppe von etwa zwölf Migranten versammelt war. Am Kopfende der Tischreihe saß eine schlanke Dame mittleren Alters, ganz in Pink gekleidet. Sie leitete die Männer an, kleine Klopfbewegungen auf der Scheitellinie, den Schläfen, Wangen, Ohren und dann hinab zum Schlüsselbein auszuführen. Manche schienen ein bisschen zögerlich, nicht alle waren im selben Rhythmus, manche hinkten hinterher. Ich beobachtete die Gruppe und versuchte dabei, möglichst unauffällig zu bleiben. Andere Gäste an den Nebentischen saßen vor ihren Kuchen, die so groß waren, dass sie am Ende die Hälfte davon stehenlassen mussten. Die Männer in der Runde tranken Wasser oder Tee.

Irgendwann, während die Gruppe immer weiter klopfte, verstand ich endlich: Die Dame praktizierte mit den jungen Männern eine neue Form der Selbst-Therapie, die sogenannte *emotional freedom technique*, welche verspricht, nicht nur somatische, sondern auch seelische Spannungen zu lösen.

Auch wenn diese Therapieform hilfreich sein mag – hier an diesem öffentlichen Ort erzürnte sie mich. Therapie braucht einen geschützten Raum. Sie braucht, besonders wenn es an den Körper geht, keine Zuschauer, keine Gaffer. Und sie braucht Respekt – vor den behandelten Menschen, den Patienten. Aber auch vor dem Leiden selbst.

Was den Umgang mit Traumata in Moria anbelangt, so erlebte ich hier einen klaffenden Widerspruch. Natürlich war uns allen bewusst, wie schwer verletzt viele Geflüchtete waren. Weil dem so war, hätte es eigentlich einen verantwortungsvollen Umgang mit dem Phänomen erfordert, was sich auch sprachlich hätte niederschlagen müssen.

Aber das Gegenteil war oft der Fall. In den Gesprächen mit Kollegen gewann ich den Eindruck, dass der Trauma-Begriff inflationär benutzt wurde und damit an Bedeutung einbüßte. Wie aber lässt sich das Trauma jenseits schulmedizinischer Diagnosekriterien wirklich erfassen?

Für die Migranten in Moria existierte Trauma im doppelten Sinne. Jeder landete hier mit seiner individuellen Geschichte. Die meisten waren vertrieben, verfolgt, hatten ihre Kinder, Ehepartner oder Eltern verloren. Manche hatten Folter erlitten, waren vergewaltigt worden und hatten die unterschiedlichsten Gefahrensituationen überlebt.

Und dann das Lager. Mit seinem kalten Schlamm, den dünnen Zelten, der Aussichtslosigkeit waren die Zustände in Moria traumatisch. Heilung war hier nicht annähernd möglich.

Menschen, die ernsthafte Traumata durchlebt haben, müssen davor geschützt werden, dass die schmerzhaften Ereignisse nicht reaktiviert werden. Sie brauchen eine sichere Umgebung. Denken wir beispielsweise an Flüchtlinge aus Kriegsgebieten, deren Häuser niederbrannten. Sie erlebten in Moria dramatische Reinszenierungen: Wie oft brannte es hier – bis hin zum finalen Brand.

Traumata haben immer Langzeitfolgen. Trauma – vom griechischen Begriff Wunde oder Verletzung – bedeutet eben nicht nur das Durchleben einer bedrohlichen Situation. Trauma bedeutet vielmehr, dass sich das Erlebte auf tiefgreifende Weise in Körper und Seele der Menschen niederschlägt, dass es sich einfurcht und damit gleichsam zu einem Teil des Selbst wird. Man muss es sich vorstellen wie eine Art Narbe, die nie wirklich ausheilt. Eine Narbe, die plötzlich zu bluten beginnt, wenn man daran rührt. Die lebenslang an die offene Wunde und den damit verbundenen Schmerz erinnert. Trauma ist böse Erinnerung.

Und diese Erinnerungen können lang andauern. Traumatische Verletzungen – und dies macht sie so schwer fassbar – spielen sich tief unbewusst ab, sie sind nicht an logisch nachvollziehbare Zeitabläufe gebunden. So kann es durchaus sein, dass sie Jahre und Jahrzehnte oder sogar Generationen überspringen. Der oder die Erleidende, das Opfer selbst, verdrängt die lebensbedrohliche Verletzung, um nicht vom Schmerz überwältigt zu werden, aber dieser Schmerz kann unter Umständen später von den Kindern und Kindeskindern als solcher durchlitten werden. Das Verdrängte, wie Sigmund Freud es ausdrückte, will immer raus.

Marwa

»Das Herz ist der Schlüssel zur Welt.«
Novalis

Ich habe auf Lesbos ein Kind kennengelernt, für das ich eine unserer wichtigsten Regeln gebrochen habe. Der fundamentale Grundsatz unserer NGO *One Happy Family* bestand darin, dass wir für *alle* da sein sollten. Wir hatten täglich rund tausend Besucher bei uns, und es entsprach unserem Selbstverständnis, für alle gleichermaßen da zu sein. Wir sollten und wollten ein Lächeln für alle haben. Und dabei niemanden zurücklassen, niemanden bevorzugen.

Die Migranten aus Moria, die ihre Tage bei uns verbrachten, hatten schwere Verluste erlebt. Die Flucht und Trennung von ihren Familien hatten viele unter ihnen tief verunsichert. Natürlich lag es nahe, dass sie nach Ersatz suchten, egal ob sie das bewusst oder unbewusst taten. Aber die Freiwilligen, die ihnen so freundlich entgegentraten, die ihnen Essen austeilten und Tee und Kakao einschenkten, verschwanden meist unangekündigt nach wenigen Wochen und wurden durch neue Gesichter ausgetauscht. Jeder plötzliche Abschied aber irritierte die Flüchtlinge, die sich Bindung erhofften. Deshalb galt für uns die Regel, stets professionell zu handeln. Keine privaten Beziehungen einzugehen, um keine alten Wunden aufzureißen.

Die Geschichte mit meiner kleinen Freundin Marwa aber hatte eine eigene Dynamik. Kurz nachdem ich unseren Häkelkurs eingerichtet hatte, kam jeden Morgen ein zehnjähriges Mädchen aus Afghanistan zu mir. Eine dunkel gekleidete Frau mit Kopftuch brachte es zu unserem Tisch, suchte dem Kind einen Platz und ließ es allein bei mir zurück. Später erfuhr ich, dass diese Frau die Tante war, die vormittags den Englischunterricht in der nebenan gelegenen *School of Peace* besuchte. Das Mädchen schaute scheu, aber nicht ängstlich um sich und sprach kein Wort. Ich nahm es an meine linke Seite, wie ich es immer mit den Anfängerinnen machte, und zeigte ihm, wie man den Faden hält und durch die Finger gleiten lässt. Seitdem lieh sie sich jeden Morgen ihre Häkelnadel, und ich sah sie über Stunden konzentriert arbeiten.

Wochen vergingen. In Moria verlor man jedes Zeitmaß, die Leute kamen und gingen. Die Gesichter wechselten. Und so bemerkte ich kaum die Abwesenheit des Mädchens, das zuvor jeden Tag da gewesen war. Bis plötzlich ihre Tante vor mir stand und mir zuflüsterte: »Marwa is sick.« In diesem Moment war das Mädchen nicht mehr eines unter den unzähligen anderen. Sie hatte einen Namen, und ich begann, mich um sie zu sorgen. Ich steckte der Tante ein paar kleine Wollknäuel und eine Häkelnadel zu, damit das erkrankte Kind im Zelt weiterarbeiten könne.

Als Marwa nach ein paar Tagen wieder zu *One Happy Family* zurückkam, war sie wie verwandelt. Ein Strahlen ging über ihr

Gesicht. Ohne unser bewusstes Zutun waren wir Freundinnen geworden. Niemand der übrigen Besucher spürte diese Veränderung, keinem fiel auf, dass sie sich immer ganz nahe zu mir setzte. Ich hielt meine Augen auf sie, und sie zeigte mir, was unter ihren Händen entstand. Auch sie liebte die Farbe Gelb, und so entstanden gelbe Waschlappen und gelbe Mützen.

Als Celia, meine vierzehnjährige Enkelin im Februar nach Lesbos kam, befreundete sie sich rasch mit Marwa. Wir luden sie und ihre Familie - Mutter, Tante und Bruder - in das Café *Sugar House* in Mytilini ein. Wir saßen zusammen, alberten, häkelten und tranken heißen Kakao. Für einen Nachmittag war Moria vergessen.

Am 7. März brannte das Zentrum unserer NGO *One Happy Family* ab, und gleichzeitig verschärfte sich die Coronakrise. Marwas und meine gemeinsame Zeit war damit zu Ende. Wir trafen uns noch einmal in Mytilini. Marwa übergab mir als Abschiedsgeschenk eine Decke, die sie in ihrem Zelt gehäkelt hatte - in allen Farben des Regenbogens und natürlich mit viel Gelb. Wir verabschiedeten uns an der Bushaltestelle am Sappho-Square, umarmten uns und weinten.

Ab da kommunizierten wir über WhatsApp. Zunächst waren es tägliche Fragen nach dem Befinden und allgemeine Grüße. Aber irgendwann reichten uns diese kleinen Ping-Pong-Sätze nicht mehr. Wir begannen, uns abwechselnd Fragen zu stellen, die unser echtes Leben betrafen, das Leben fernab von Moria.

Erst aus der Distanz erfuhr ich, was wir im direkten Gespräch immer umgangen hatten. Dass Marwa 2009 in Kabul geboren wurde. Dass ihr Großvater von den Taliban getötet wurde, als sie drei Jahre alt war, und dass die Familie daraufhin flüchtete. Den Vater verschlug es rasch nach Australien, wo er bis heute lebt. Die Großmutter schaffte es gemeinsam mit einem ihrer Söhne bis nach Finnland. Marwa war mit ihrer Mutter, ihrer Tante und ihrem Bruder Abdullah auf der Flucht hängen geblieben. Zunächst in Torkham an der Grenze nach Afghanistan. Dann verbrachte sie Jahre in Rawalpindi in Pakistan, teils in Lagern, später in Häusern. Hier konnte Marwa vorübergehend die Schule besuchen.

Dann die Weiterreise mit Lastwagen, etappenweise. Über diese Reise wollten die Frauen sich nicht äußern, und Marwa erinnerte sich nicht. Monatelang blieben sie in der Türkei, bevor sie im November 2019 mit dem Boot nach Lesbos übersetzten. Dann der Transport nach Moria. Dann dieser Winter in Moria. Sie waren jahrelang auf der Flucht, aber noch nie waren sie in einem Kino gewesen. Noch nie in einem Flugzeug geflogen. Aber sie wollten alles über Weihnachten und Ostern erfahren und über den Zweiten Weltkrieg in Europa und vor allem alles über meine Familie.

Im Sommer 2020 wurde die Familie überraschend nach Athen gebracht, wo sie zunächst einige Nächte im Viktoria-Park unter Bäumen schlief. Am Jahresende wohnten sie in einer Wohnung gemeinsam mit anderen Flüchtlingsfamilien in Athen.

Wie die meisten anderen Migranten in Griechenland warten sie derzeit auf die Weiterreise in den Norden Europas. Wenn ich Marwa heute frage, was sie sich am meisten wünscht, sagt sie nur: »Go to school.« Sie weiß, dass sie unendlich viel nachholen muss für ihr Leben. Und nicht nur Schulwissen.

Marwa ist meine Freundin geworden, aber sie ist nur eines von Tausenden Moria-Kindern.

Warum Moria brannte

»I have one idea for this world.
Destroy it and start over again.
There's too much dirt for a broom.
It calls for a fire.
It needs the flood.«
Elia Kazan

Der Brand von Moria war real und zugleich hoch symbolisch. Er war keineswegs Zufall, keine unglückliche Entgleisung, sondern die verzweifelte Konsequenz in einer für die Menschen ausweglosen Lage.

Diese war schon seit Monaten mehr als angespannt, nicht nur, aber auch wegen der Corona-Pandemie. Mitte März hatte der erste Lockdown begonnen. Die Menschen durften das Lager nur noch mit polizeilicher Erlaubnis verlassen. Das Asylbüro wurde über Wochen geschlossen. Unter den Bewohnern verbreiteten sich Ängste und Gerüchte. Zwar wurden massenhaft Seife-Stückchen verteilt, aber überall fehlten Wasser und die Möglichkeit, die geltenden Abstandsregeln einzuhalten.

Während der Lockdown für die griechische Bevölkerung ab Mai schrittweise gelockert wurde und das Land im Sommer wieder seine Grenzen für Touristen öffnete, wurden die Lagerinsassen von Woche zu Woche hingehalten. Andauernd machten Gerüchte die Runde, dass es nun bald vorbei wäre, aber dies entsprach mehr dem Wunschdenken der Migranten. Tatsächlich blieb das Lager einfach abgeriegelt. Offiziell wurde argumentiert, dass damit der Ausbruch und die Verbreitung von Corona auf der Insel Lesbos verhindert werden sollte. Unter der Hand mutierte Moria in eine geschlossene Einrichtung. Dabei hieß es den ganzen Sommer über, dass es keine Fälle von Corona unter den Flüchtlingen gegeben habe.

Wie es allerdings im Lager selbst aussah, wie es in den Menschen gärte, mit diesem Gemisch aus Informationen und Gerüchten um die Gefahren der Pandemie, können wir allenfalls erahnen. In diesen Monaten hatte ich nur noch zu wenigen Flüchtlingen Kontakt, aber diese sprachen ausschließlich von ihren Ängsten. Sie klagten über Halsweh, Infektionen und Fieber, über all die Krankheiten, die sie schon im Winter begleitet hatten – aber niemand traute sich in die Klinik. Noch mehr Angst als vor Covid-19 hatten sie davor, in irgendeiner Quarantäne-Station gefangen zu sein und von ihren Angehörigen oder Freunden getrennt zu werden.

Bis zum 2. September 2020 war Moria offiziell frei von Corona. An diesem Tag dann wurde der erste offizielle Fall im Lager gemeldet. Knapp eine Woche später waren es allerdings schon 35. Diese 35 Männer und Frauen wurden nun, genau wie sie es befürchtet hatten, in eine für diesen Zweck eingerichtete Quarantäne-Zone gezwungen.

Die Botschaft, die sich unter den damals noch etwa 13 000 Bewohnern von Moria rasend schnell verbreitete, war eindeutig: Corona ist unter uns. Jeder von uns kann das Virus in sich tragen – und es gibt kein Entrinnen. Mehr als jemals zuvor wurde Moria zur Falle.

In dieser Stimmung brach das Feuer im Lager aus. Niemand weiß genau, wer zuerst die Idee hatte, wer die Benzinkanister beschaffte und wie das Ganze geplant wurde. Sicher ist aber, dass die Täter gezielt operierten und alles taten, um Opfer zu vermeiden. Anscheinend ließen sie überall im Lager Warnungen streuen. Die Gefahr des Brandes lag in der Luft. Viele hatten deshalb vorsorglich ihre Habseligkeiten in Plastiksäcke verstaut.

Als dann das Feuer am 8. September ausbrach, strömten die Menschen aus ihren Zelten, Verschlägen und Containern, sie liefen in Richtung Straße, nach Mytilini, und ließen die brennenden Wälder hinter sich. Weg von Moria. Hinaus in die Nacht. Die Kinder packen und überleben.

Für die Migranten gehörte dies zu den vielen anderen Etappen ihres Fluchtweges. Sie haben Wüsten und Steppen überstanden, dann das große Wasser und nun das Feuer.

Aber die Frage, warum Moria brannte, ja, brennen musste, lässt mich nicht los. Dabei geht es nicht darum, die sechs vermeintlich Schuldigen (darunter zwei Minderjährige) anzuklagen. Angeblich hatten sie kurz zuvor einen negativen Asylbescheid bekommen und erwarteten, in ihr Herkunftsland zurückgeschickt zu werden – sie hatten also nichts zu verlieren.

Ich sehe den Brand von Moria als fatale, aber im Grunde logische Konsequenz. Die Situation im Lager war so hoffnungslos und widersprüchlich geworden, dass sie explodieren musste. Nirgendwo war Hilfe zu erwarten, selbst die NGOs, die bis dahin Ansprechpartner für die Probleme im Lager gewesen waren, waren weitgehend ausgefallen.

Gegen wen also hätten die Menschen in Moria aufbegehren können in ihrer Not? Die wenigen Demonstrationen, zu denen sie sich früher versammelt hatten, waren im Nichts verpufft. Alle Migranten wussten, dass ernsthafter Widerstand das Asylverfahren gefährden könnte – und deshalb verfielen die meisten von ihnen wochenlang, ja monatelang in eine resignierte Stille.

Im Hochsommer war es drückend heiß, das Wasser war knapp, die Nerven lagen blank. Manchmal durchstreifte ich die Gegend um das Lager, und ich erinnere mich, wie unheimlich mir diese Stille vorkam, dieses Schweigen im Lager und in den Olivenhainen. Wie eine große Ruhe vor dem Sturm.

Und der Sturm kam dann ja auch – in Form des Feuers. Es brannte das ganze Lager nieder und schaffte neue, noch größere Not:

Etwa zehn Tage und Nächte verbrachten die Menschen draußen, zahlreiche Flüchtlinge ließen sich am Straßenrand nieder. Danach mussten sie in das neue Lager *Kara Tepe* ziehen, ein Ort, der von Beobachtern als noch schlimmer als Moria beschrieben wird.

Moria brannte nicht, weil ein paar junge Männer gezündelt haben. Moria brannte, weil das Leben der Lagerbewohner in eine Sackgasse geraten war. Eine Sackgasse, die symbolisch für die gesamte Flüchtlingspolitik steht. Und Corona hat – wie in so vielen anderen gesellschaftlichen Bereichen – die ausweglose Situation der Migranten nur forciert und verschlimmert. Moria war das Pulverfass, die Pandemie der Brandbeschleuniger.

Jahrelang hatten die Journalisten und NGOs auf die Misere der ägäischen Flüchtlingsinseln verwiesen, auf Lesbos, Samos, Chios und Kos. Sie hatten gemahnt, Petitionen verfasst, demonstriert und mobilisiert. Hohe Besucher kamen, staunten, manche weinten, gaben Interviews. Aber nichts geschah. Unter den Augen der Weltöffentlichkeit moderte Moria fünf Jahre lang vor sich hin. Es schien niemanden zu kümmern, was sich da am äußersten Rande Europas abspielte.

Dass nicht nur Tausende Flüchtlinge, sondern auch die dort wohnenden Griechen tief verunsichert waren, auch dies berührte Europa nicht weiter. Touristen wählten Alternativen, verloren die Insel aus den Augen. Nicht nur, dass das Lager von seinen Bewohnern als Gefängnis empfunden wurde, auch viele Griechen entwickelten das Gefühl, dass sich ihre Insel zum Gefängnis verwandelte, von der man eigentlich fliehen müsse.

Die Errichtung der EU-Hotspots auf Lesbos und den anderen Inseln war und ist ein grober Fehler. Diese Stätten waren gedacht als zügig zu passierende Transfer-Orte, und sie endeten als Sammelbecken der Misere, als reine Slums. Und der Gedanke an zukünftige geschlossene Lager auf Lesbos und anderswo, die in Brüssel und Athen schon vorbereitet werden, macht Angst.

Postskriptum

Ich bin der Insel Lesbos nicht gerecht geworden, so viel gäbe es zu erzählen. Über die Farben des Wassers und der Zitronen- und Orangenbäume und der Olivenhaine. Über seine stolzen und im Grunde tief nachsichtigen Menschen. Über die Geschichte dieser Insel. Über die Kirchen und Moscheen, über die alten Häuser und Seifenfabriken, über die Schafherden, über die antike Sappho und den modernen Dichter Odysseas Elytis. Über die Tavernen und Kafenia.

So viel könnte ich schreiben. Aber Moria verstellt den Blick für all das. Überwuchert die Sicht und lässt so vieles in den Hintergrund rücken. Lesbos hat durch das Lager Moria sein Gesicht verloren. Es hat die Menschen verhärtet und traurig gemacht, manchmal auch verbittert. Viele Griechen, mit denen ich sprach, sagten mir, dass sie die Insel verlassen wollten. Nicht nur die Jungen – das war schon immer so –, sondern inzwischen auch die Alten.

Aber etwas in mir wehrt sich. Ich ertappe mich, dass ich – als Gast auf der Insel Lesbos – den Leuten gut zurede. Lasst es nicht zu, möchte ich ihnen sagen, dass durch diese Flüchtlingspolitik ganze Inseln ausbluten. Moria ist Symptom einer Krankheit, möchte ich ihnen sagen, aber Krankheiten können auch wieder ausheilen. Die Geschichte, gerade auch die griechische, hat es gezeigt: Aus De-Humanisierung kann auch Re-Humanisierung folgen. Lasst eure schöne Insel Lesbos nicht zurück. Lasst die Flüchtlinge nicht zurück. Lasst niemanden zurück.

Dank

In meinem Winter auf Lesbos haben mich viele Menschen begleitet und unterstützt: Ihnen allen sage ich meinen herzlichen Dank. Darunter ganz besonders meiner NGO *One Happy Family*, die mich aufnahm und mir, wie so vielen anderen, ein Gefühl von Familie gab. Meinen griechischen Freunden und Wegbegleitern, die immer zu Auskünften bereit waren und ihr Wissen mit mir teilten, Maria Psomari, Kleoniki Logiou und Theodoros Paradellis. Den Geflüchteten, die mir ihre Geschichten anvertrauten. Meiner Enkelin Celia, die mich auf Lesbos besuchte und mich vieles mit anderen Augen sehen lehrte. Den Freunden und Freundinnen aus Deutschland, die uns mit medizinischem Material, mit Wolle und später mit selbstgenähten Gesichtsmasken versorgten.

Auch beim Schreiben haben mich viele inspiriert und korrigiert: Mein Dank geht an Bettina Baltschev, Kathrin Kandzora, Nicolas Perrenoud, Olivier Manzardo, Manfred Jobst und meinen Sohn Boris Peter.

Besonders dankbar bin ich meinem Verleger Heinrich von Berenberg für sein Vertrauen und schließlich meiner Tochter Judith Hyams: Sie machte das Lektorat – manchmal hatte ich das Gefühl, sie sei selbst in Lesbos dabei gewesen.

Konzeption | *Gestaltung:* Antje Haack | www.lichten.com
Satz | *Herstellung:* Büro für Gedrucktes, Beate Zimmermanns
Einbandillustration und Karte: Antje Haack
Reproduktion: Frische Grafik, Hamburg
Druck | *Bindung:* CPI – Clausen & Bosse, Leck
Printed in Germany
ISBN 978-3-946334-94-1